JOURNAL ASIATIQUE

OU

RECUEIL DE MÉMOIRES

D'EXTRAITS ET DE NOTICES

RELATIFS À L'HISTOIRE, À LA PHILOSOPHIE, AUX LANGUES

ET À LA LITTÉRATURE DES PEUPLES ORIENTAUX

LES LIVRES CHINOIS
AVANT L'INVENTION DU PAPIER

PAR

ÉDOUARD CHAVANNES

(Extrait du numéro de Janvier-Février 1905)

PARIS
IMPRIMERIE NATIONALE

MDCCCCV

LES LIVRES CHINOIS

AVANT L'INVENTION DU PAPIER

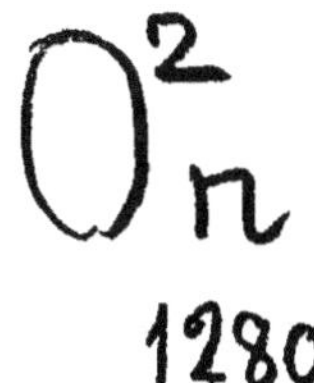

LES LIVRES CHINOIS
AVANT L'INVENTION DU PAPIER

PAR

ÉDOUARD CHAVANNES

EXTRAIT DU JOURNAL ASIATIQUE

(JANVIER-FÉVRIER 1905)

PARIS

IMPRIMERIE NATIONALE

MDCCCCV

LES LIVRES CHINOIS
AVANT L'INVENTION DU PAPIER,

PAR

ÉDOUARD CHAVANNES.

On sait que les Chinois sont les inventeurs du papier. C'est un certain *Ts'ai Louen* 蔡倫 qui, en l'an 105 de notre ère, eut l'idée de fabriquer avec des matériaux de rebut une substance à la fois légère et économique, remplaçant avantageusement celles qui jusqu'alors avaient reçu l'écriture. Le passage du *Heou Han chou* (chap. CVIII, p. 2 v°)[1] qui relate cette découverte mémorable, nous renseigne en même temps sur les procédés auxquels on avait recours avant qu'on connût le papier : « Depuis l'antiquité les documents écrits étaient le plus souvent des liasses formées de fiches en bambou; quand on se servait de tissus de soie (au lieu de fiches en bambou), on donnait (à ces tissus) le nom de *tche* 紙. Les soies étaient coûteuses et les fiches étaient pesantes; toutes deux étaient incommodes. (*Ts'ai*)

---

[1] Ce texte a été signalé pour la première fois par Stanislas Julien qui paraît cependant n'avoir pas eu recours directement au *Heou Han chou* (cf. St. Julien et P. Champion, *Industries anciennes et modernes de l'empire chinois*, p. 141); il a été ensuite étudié par Hirth, dans son article intitulé : *Die Erfindung des Papiers in China* (*Chinesische Studien*, Erster Band, p. 266-267).

Louen conçut alors l'idée de se servir d'écorce d'arbre[1], de têtes de chanvre, ainsi que de vieux chiffons de toile et filets de pêcheurs[2], pour en faire du *tche* 紙. La première année *yuan-hing* (105 ap. J.-C.), il offrit son invention à l'empereur qui loua son habileté. A partir de ce moment il n'y eut personne qui n'adoptât l'usage (de son papier), et c'est pourquoi dans l'empire tous donnèrent (au papier) le nom de *tche* de l'honorable *Ts'ai* 蔡侯紙 » (n° 1)

自古書契多編以竹簡。其用縑帛者謂之爲
紙。縑貴而簡重。並不便於人。倫乃造意用
樹膚麻頭及敝布魚網以爲紙。元興元年奏
上之。帝善其能。自是莫不從用焉。故天下
咸稱蔡侯紙。

[1] Le mot 膚 signifie proprement « la peau ». Comme on le verra dans la note suivante, l'écorce dont se servait *Ts'ai Louen* était celle du mûrier à papier (*Broussonetia papyrifera*). Sur la fabrication actuelle de ce papier, voir St. JULIEN et P. CHAMPION, *op. cit.*, p. 149.

[2] Il ne faudrait pas croire que *Ts'ai Louen* mêlait tous ces ingrédients hétérogènes pour faire son papier. Chacune de ces espèces de substances servait à faire un papier d'une sorte particulière. Le *Ko tche king yuan* 格致鏡原 (chap. XXXVII, p. 7 v°) cite le *Yu fou tche* 興服志 qui dit : « Pour ce qui est du papier de l'honorable *Ts'ai*, quand il était fait de vieux chanvre, on l'appelait papier de chanvre; quand il était fait d'écorce d'arbre, on l'appelait papier de mûrier (*Broussonetia papyrifera*); quand il était fait de vieux filets de pêcheurs, on l'appelait papier de filets » 蔡侯紙用故麻名麻紙。木皮名穀紙。故漁網名網紙。 J'ai vainement cherché ce passage dans les chapitres intitulés *Yu fou tche* du *Heou Han chou*, du *Tsin chou*, du *Kieou T'ang chou* et du *Song che*; mais il peut m'avoir échappé.

L'expression 竹 帛 « le bambou et la soie », signi-
fiant « les écrits », confirme le témoignage du *Heou
Han chou* que ces deux substances étaient employées
concurremment avant l'invention du papier. *Tong-
fang Cho* 東 方 朔, dans une composition littéraire
qu'il écrivit vers l'an 100 avant notre ère, dit que
les innombrables dissertations de ses contemporains
« sont exposées sur le bambou et sur la soie » (n° II)
著 於 竹 帛 (*Ts'ien Han chou*, chap. LXV, p. 2 v°).
En 82 avant J.-C., l'ancien général chinois *Li Ling*
李 陵, réfugié chez les *Hiong-nou*, félicite l'ambassadeur des *Han*, *Sou Wou* 蘇 武, dont l'appellation
était *Tseu-k'ing* 子 卿, en ces termes : « *Tseu-k'ing*,
aucun ne vous dépasse parmi tous ceux qui, depuis
l'antiquité, ont été cités sur le bambou et sur la soie
ou représentés par les couleurs de la peinture »
(n° III) 雖 古 竹 帛 所 載 丹 青 所 畫 何 以 過 子 卿
(*Ts'ien Han chou*, chap. LIV, p. 9 r°). De même,
Teng Yu 鄧 禹 (2-58 après J.-C.) fait cette déclara-
tion au futur empereur *Kouang-wou :* « Je désire seulement voir illustrer votre prestige et votre vertu de
manière à ce qu'ils deviennent (vastes) comme les
quatre mers; si je puis y contribuer pour ma faible
part, je ferai ainsi descendre ma glorieuse renommée
sur le bambou et sur la soie » (n° IV) 垂 功 名 於
竹 帛 (*Heou Han chou*, chap. XLVI, p. 1 r°).

§ 1. Les écrits sur soie.

De ces deux substances, le bambou, comme l'indique le texte n° I, était le plus souvent employé. La soie, à cause de sa cherté, était rarement mise en usage; il semble d'ailleurs qu'elle n'ait été utilisée que tardivement par ceux qui voulaient écrire; mon impression est qu'on n'y eut recours qu'après l'invention du pinceau à l'époque de *Ts'in Che-houang-ti* (221-210 avant J.-C.); du moins, n'ai-je relevé aucun texte qui fasse allusion aux écrits sur soie antérieurement à cette date.

Du texte n° I, on serait tenté de conclure que le mot *tche* 紙, qui désigne aujourd'hui le papier, s'appliquait primitivement aux étoffes de soie 縑帛 sur lesquelles on écrivait; le papier ne fut d'abord connu que sous le nom de *tche* de l'honorable *Ts'ai*, afin de le distinguer du *tche* proprement dit qui était en soie; ainsi s'explique que le caractère 紙 ait été composé avec le radical de la soie. Je crois cependant que le texte du *Heou Han chou* n'est pas rigoureusement exact et qu'il y a une distinction à établir entre, d'une part le *tche* 紙 qui, avant *Ts'ai Louen*, était un véritable papier fait avec de la bourre de soie, et, d'autre part, le *po* 帛 qui était une étoffe de soie. C'est ce que je vais essayer de démontrer.

Dans le *Chouo wen* 說文, qui fut terminé en l'an 100 de notre ère, et qui est par conséquent antérieur à l'invention de *Ts'ai Louen*, le mot 紙 est défini comme suit : (n° V) 絮 一 笘 也, ce qui signifie littéralement « une natte de bourre de soie ». Cette explication énigmatique à besoin d'être éclaircie[^b] de nos jours encore[1], les formes dont on se sert en Chine pour lever les feuilles de papier sont constituées par une fine natte de bambou montée sur un cadre en bois; on plonge cette forme dans la cuve pleine de pâte de papier; en la retirant, on ramène une certaine quantité de pâte qui se dépose sur toute la surface de la natte et donne en se desséchant une feuille de papier. Le *Chouo wen* fait allusion à un procédé analogue; en effet, tandis qu'il définit le *tche* comme étant « une natte de bourre de soie », c'est-à-dire ce qui se dépose de bourre de soie sur la natte qui tient lieu de forme, il définit le mot 簀 « natte » de la manière suivante : « une natte pour épurer la bourre de soie » (n° VI) 潎絮簀也, et il donne encore du mot 潎 « épurer » la définition : « l'acte de battre de la bourre de soie dans l'eau » (n° VII) 於水中擊絮也. Ainsi, on battait dans l'eau la bourre de cocons de soie pour la désagréger, pour la réduire en pâte, et pour en éliminer les parties grossières qui venaient flotter à la surface de l'eau; on prenait ensuite une natte afin de recueillir la bourre de soie épurée qui se déposait à la surface pour produire après dessication une feuille de papier. *Touan Yu-ts'ai* 段玉裁 (1735-1805), dans son commentaire du *Chouo wen*, au mot 紙[2], dit :

[1]: Cf. St. Julien et P. Champion, *op. cit.*, p. 143.
[2]: Chap. xiii, *a*, p. 33 r° et v° du *Chouo wen* de *Touan Yu-ts'ai*, édition de 1889.

« La fabrication du papier commença avec la bourre
de soie épurée dans l'eau ; dans ce but, on se servait
d'abord de bourre de soie qu'on recueillait ensuite
sur une natte pour la solidifier. Aujourd'hui (vers
1786), quand on fait du papier de filaments de
bambou ou d'écorce d'arbre, il y a aussi des nattes
en bambou fines et serrées dont on se sert pour recueillir (la pâte de papier); c'est le même procédé »
(n° VIII) 按造紙肪於漂絮。其初絲絮爲之。
以箔荐而成之。今用竹質木皮爲紙亦有緻
密竹簾荐之。是也。

Le *Chouo-wen* distingue le mot 紙 et le mot 帋,
qui sont aujourd'hui employés indifféremment l'un
pour l'autre ; cependant la définition qu'il donne du
紙 comme étant « un sédiment de soie » 絲滓也
semble prouver qu'il entend par là du papier fait
avec de la soie qui a été réduite en pâte, puis qui
s'est déposée comme un sédiment. Ainsi, quoique
distincts l'un de l'autre, les mots 紙 et 帋 sont syno-
nymes dans le *Chouo wen*.

Il résulte de ces textes que *Ts'ai Louen*, comme
la plupart des inventeurs, ne fit que perfectionner
des procédés préexistants ; son principal mérite paraît
avoir été de substituer à la bourre de soie qui était
relativement chère, des matériaux sans valeur qui
donnèrent de meilleurs résultats ; mais avant lui déjà
on avait imaginé de réduire en pâte une substance
blanchâtre qui, en se déposant sur des nattes, de-
venait une feuille solide, souple et mince, ce qui est
le principe même de la fabrication du papier.

Sur ces papiers de soie antérieurs aux papiers de *Ts'ai Louen* nous ne sommes point documentés; c'est hypothétiquement que nous proposons de reconnaître un de ces papiers dans un écrit sur *hi–t'i*[1] 赫蹏 書 que le *Ts'ien Han chou* (chap. xcvii, *b*, p. 6 r°) mentionne à la date de l'an 12 avant J.-C.; le commentateur *Ying Chao* 應劭 (2ᵉ siècle de notre ère) définit ce terme en disant : « c'était un petit papier mince » 薄小紙也.

Si l'existence du papier de soie est prouvée par le *Chouo wen*, nous ne devons cependant pas l'identifier, comme le fait le texte n° I, avec les étoffes de soie 帛 sur lesquelles on écrivait. En 119 avant J.-C., quand l'imposteur *Chao-wong* prétendit qu'un écrit merveilleux se trouvait miraculeusement dans le ventre d'un bœuf, il avait commencé par faire avaler à cet animal un écrit sur soie (n° IX) 乃帛書以飯 牛 (*Sseu-ma Ts'ien*, chap. xxviii, p. 10 r°; *Ts'ien Han chou*, chap. xxv, *a*, p. 9 r°); étant données les vicissitudes auxquelles cet écrit allait être exposé, nous devons admettre qu'il était tracé sur une étoffe de soie, et non sur une feuille de papier qui se serait transformée en pâte dans l'estomac du bœuf. En 82 avant J.-C., un envoyé chinois chez les *Hiong-nou* eut recours à un stratagème pour se faire rendre l'ambassadeur *Sou Wou* qu'il savait être vivant malgré les dénégations du souverain barbare; il raconta que l'empereur, en chassant, avait capturé une oie

---

[1] D'après les commentateurs, le caractère 赫 se prononce ici comme le caractère 閲.

sauvage à la patte de laquelle était attaché un écrit sur soie (n° X) 足 有 係 帛 書, dans lequel *Sou Wou* indiquait exactement l'endroit où il se trouvait (*Ts'ien Han chou*, chap. LIV, p. 9 r°). Ici encore l'écrit sur soie (qui d'ailleurs est fictif) ne pouvait être qu'une bande d'étoffe.

En conclusion donc, quand on nous parle d'écrits sur soie, il s'agit, dans la plupart des cas, d'écrits sur étoffes de soie; quant aux écrits sur papier de soie, on n'en trouve presque aucune mention, ce qui donne à supposer que le papier de soie n'a eu qu'une existence éphémère antérieurement au papier de *Ts'ai Louen*.

L'usage de la soie, qui se roulait, paraît être l'origine de l'application du mot 卷 « rouleau » aux livres ou écrits; c'est par une métaphore toute semblable que le mot latin *volumen* a pris le sens de livre ou volume. Dans la biographie de *Sseu-ma Siang-jou* 司 馬 相 如 (chap. CXVII, p. 16 v°), l'historien *Sseu-ma Ts'ien* 司 馬 遷, qui écrivait vers l'an 90 avant notre ère, parle d'un ouvrage de ce fameux rhéteur en disant 一 卷 書; nous trouvons là une preuve que le mot 卷 était appliqué aux écrits avant l'invention de *Ts'ai Louen;* ce mot put d'ailleurs continuer à avoir la même acception après que l'usage du papier fut devenu général, car, jusqu'à la diffusion de l'imprimerie, c'est-à-dire jusqu'au dixième siècle de notre ère, les livres écrits sur papier se roulaient tout comme autrefois les livres écrits sur soie.

§ 2. LES PLANCHETTES EN BOIS.

Considérons maintenant les procédés auxquels les anciens Chinois avaient recours lorsqu'ils ne se servaient pas de la soie. La plupart des textes étaient écrits, avons-nous vu, sur des fiches en bambou 竹籍 ; mais certains témoignages nous révèlent l'existence, à côté des fiches en bambou, de planchettes en bois qui en étaient nettement différentes tant par la forme qu'elles avaient que par l'usage qu'on en faisait. Le *Tchong yong* 中庸, qui fut composé au cinquième siècle avant notre ère par *K'ong Ki* 孔伋 petit-fils de Confucius, nous dit (XX, 2) : (n° XI) 文 武 之 政 布 在 方 策 «Le bon gouvernement des rois *Wen* et *Wou* est exposé sur les *fang* (planchettes en bois) et sur les *ts'ö* (fiches en bambou). » D'autre part, à propos des messages que s'envoyaient les uns aux autres les seigneurs, le *Yi-li* 儀 禮 (chap. *p'ing li* 聘 禮 ; chap. XXIV, p. 2 o v° [1]) dit : « (Quand le message) avait plus de cent mots, on l'écrivait sur un *ts'ö* (paquet de fiches en bambou) ; quand il avait moins de cent mots, on l'écrivait sur un *fang* (planchette en bois) » (n° XII) 百 名 以 上 書 於 策。不 及 百 名 書 於 方。Le commentaire de

---

[1] Dans cet article, mes citations des classiques se réfèrent à l'édition lithographique du *Song pen Che san king tchou sou fou kiao k'an ki* 宋 本 十 三 經 注 疏 附 校 勘 記 publiée en 1887 par le 脈 望 仙 館 ; c'est une réimpression de l'édition des Treize livres classiques faite par *Yuan Yuan* 阮 元 (1764-1849) en 1814 d'après les textes de l'époque des *Song* et accompagnée de notes critiques.

Tcheng Hiuan 鄭玄 (127-200 après J.-C.) dit que *ts'ö* 策 est l'équivalent de *kien* 簡 et que *fang* 方 est l'équivalent de *pan* 板, ce dernier mot étant aussi écrit 版, comme on peut le voir dans le commentaire au texte précité du *Tchong yong*. La structure même des caractères 策 ou 簡 et 板 nous indique la différence qui existait entre les deux objets; le 策 ou 簡 devait être en bambou 竹, tandis que le 方 ou 板 devait être en bois ordinaire 木. Le bambou étant creux à l'intérieur, et étant, sauf exception, d'une circonférence peu volumineuse, il est évident que les lames planes qu'on tirera du bambou seront nécessairement fort étroites; il n'en sera pas de même pour les planchettes qu'on fera avec le bois d'un arbre plein et ces planchettes pourront être larges; c'est ce que semble indiquer le mot 方 qui désigne un carré ou du moins un carré long dont la largeur n'est pas fort inférieure à la hauteur [1].

Du texte du *Yi li* (n° XII), il résulte que les dimensions de la planchette en bois étaient telles qu'elle pouvait recevoir au maximum cent mots. Quand le message qu'on voulait écrire comptait plus de cent mots, il fallait avoir recours aux fiches

---

[1] C'est ce que dit le critique moderne *Lieou Pao-nan* 劉寶楠 (mort en 1855) : «Si on appelait (ces planchettes) *fang*, cela doit signifier que leur forme était régulièrement carrée» 稱方者當謂其形正方也。(*S H T K K*, chap. 1063, p. 16 r°). — Je désigne par l'abréviation *S H T K K* la grande collection de dissertations critiques sur les classiques intitulée *Siu houang Ts'ing king kiai* 續皇清經解 (publiée en 1888).

en bambou qui s'empilaient en nombre aussi considérable qu'il était besoin. D'après certains commentateurs dont nous discuterons plus loin l'opinion, le terme 策, dont se sert le *Yi li*, désignerait en effet, non pas une seule fiche 簡, mais un paquet de fiches. Le commentateur du *Yi li*, *Kia Kong-yen* 賈公彥, qui fleurissait pendant la période *yong-houei* (650-655), dit : « Le mot 簡 s'emploie quand on veut parler d'une seule fiche ; le mot 策 est l'expression qui désigne des fiches réunies en liasse .... Quand le texte avait moins de cent mots, on l'écrivait sur un *fang* 方 qui était semblable à nos planchettes à prière d'aujourd'hui ; on n'avait pas recours au *ts'ŏ* formé d'une liasse (de fiches), car sur une seule planchette le texte était écrit au complet » (n° XIII) 簡謂據一片而言。策是編連之稱 …. 以其百名以下書之於方。若今之祝板。不假連編之策。一板書盡。

Dans cette glose, la comparaison des planchettes en bois de l'antiquité avec les planchettes à prières 祝板 de l'époque des *T'ang* ne laisse pas que d'être instructive ; ces planchettes à prières existent en effet encore actuellement ; j'ai eu, il y a quatorze ou quinze ans, l'occasion d'en voir deux à Péking entre les mains du docteur Dudgeon qui les tenait d'un ennuque de la Cour auquel il avait donné ses soins ; l'une d'elles était peinte en bleu, l'autre en rouge ; la prière était écrite en mandchou ; ces planchettes devaient être brûlées au moment du sacrifice afin que la prière montât vers les cieux. Il est très vraisemblable que, la religion étant en tout pays un principe conservateur des anciennes coutumes, la comparaison dont se sert *Kia Kong-yen* est d'une rigoureuse exactitude : les planchettes de l'antiquité étaient analogues aux planchettes à prières parce que les planchettes à prières elles-mêmes ne sont autres que les planchettes antiques maintenues en usage par le respect sacré qui préserve du changement les objets et les rites de la religion[1].

Puisqu'on ne pouvait écrire sur les planchettes que des textes de moins de cent mots et puisqu'on s'abstenait de réunir entre elles deux planchettes ou davantage, il est évident qu'elles ne devaient pas tenir lieu de livres. Elles n'étaient guère susceptibles de recevoir que des documents courts tels que les missives de princes et les prières officielles dont nous avons parlé dans le paragraphe précédent. En fait, il semble bien que les planchettes aient été réservées aux actes de l'autorité publique. Lorsque Confucius était sur son char, lisons-nous dans le *Louen yu* 論 語 (X, 16), il s'inclinait en signe de respect sur la barre d'appui quand il passait devant un homme qui portait les planchettes (nᵒ **XIV**) 式 負 版 者. « L'homme qui portait les planchettes,

---

[1] Le *Yuan che* (chap. LXXVI, p. 7 rᵒ) nous apprend que dans la première moitié du quatorzième siècle de notre ère, les planchettes à prières dont on se servait lors du sacrifice dans le temple de Confucius étaient au nombre de trois et mesuraient un pied et deux pouces de haut sur huit pouces de large; la largeur était donc les deux tiers de la hauteur. A la fin du sacrifice on enterrait ces tablettes avec les pièces de soie présentées en offrande.

c'était, nous dit *Tcheng Hiuan* 鄭玄 (127-200),
celui qui tenait en main les tables et les actes officiels
de la principauté » (n° XV) 負版者持邦國之圖
籍。 Les tables 圖, ce sont les tables rouges 丹圖
dont il est question dans le *Tcheou li* 周禮 (article
sseu yo 司約 ; trad. Biot, t. II, p. 358) ; on y inscri-
vait en rouge les conventions ou arrêtés d'importance
secondaire, relatifs à la population, aux terres, aux
actes méritoires, aux objets rituels et aux objets
d'échange[1]; d'autre part, le *Tcheou li* (*ibid.*) dit que les
conventions ou arrêtés de première importance relatifs aux mêmes sujets étaient enregistrés par écrit sur
les *tsong yi* 宗彝 ou règles conservées dans le temple
des ancêtres; cette dernière expression paraît être
synonyme de l'expression 宗廟之典籍 ou règles
conservées dans le temple des ancêtres, que nous
trouvons dans Mencius (VI, *b*, 8, § 5). Ainsi les
tables 圖 et les actes officiels 籍 qui, d'après *Tcheng
Hiuan*, étaient inscrits sur les planchettes 版,
n'étaient autres que les règlements administratifs de
l'État et cela nous explique pourquoi Confucius s'inclinait en signe de respect quand il les rencontrait.
Nous voyons donc que les planchettes jouaient un
rôle important lorsqu'il s'agissait de documents
écrits peu étendus émanant du gouvernement; mais
elles n'ont jamais constitué des livres.

[1] Cf. *Tcheou li* (chap. III, p. 13 v°; article *siao tsai* : trad. Biot,
t. I, p. 51) : «On statue sur les affaires de cantons et de villages
(c'est-à-dire les affaires relatives à la population) au moyen des
planchettes et des tables» 聽閭里以版圖。

§ 3. LES FICHES EN BAMBOU.

Pour savoir comment était le plus souvent fait un livre chinois avant l'invention du papier, il faut donc étudier ces fiches en bambou dont le texte du *Heou Han chou* concernant *Ts'ai Louen* (n° I) nous avait déjà révélé l'importance.

Quelles étaient les dimensions habituelles de ces fiches? La préface, aujourd'hui perdue, de *Tcheng Hiuan* 鄭玄 (127-200) au commentaire du *Louen yu* 論語 contenait à cet égard des informations précieuses qui nous ont été conservées en partie par les érudits de l'époque des *T'ang*. *K'ong Ying-ta* 孔穎達 (574-648) nous apprend que[1] : « *Tcheng Hiuan*, dans la préface de son commentaire au *Louen yu*, citant le *Keou ming kiue*[2] dit : « Le *Tch'ouen* « *ts'ieou* était écrit sur (des fiches de) deux pieds et « quatre pouces, et le *Hiao king* était écrit sur (des « fiches de) un pied et deux pouces[3] » (n° XVI) 鄭玄注論語序以鉤命決云。春秋二尺四寸書之。孝經一尺二寸書之。 *Kia Kong-yen* 賈公彥

---

[1] Ce texte de *K'ong Ying-ta* est tiré du commentaire de la préface du *Tso tchouan* (*Song pen Che san king tchou sou fou kiao k'an ki*, éd. de 1887, *Tso tchouan*, chap. I, p. 3 v°).

[2] Le *Keou ming kiue* était une des annexes (*wei* 緯) du *Hiao king*. Cf. le *Che t'ong t'ong che* 史通通釋, édition de 1885, chap. I, p. 4 r°.

[3] D'après les indications du *Kin che so* 金石索, F. Hirth a évalué le pied de l'époque des *Tcheou* à 23 centim. 1/2; la mesure dite ancien pied sous les *Ts'in* et les *Han*, à 17 centim. 3/10; le pied de la fin des *Han*, à 29 centim. 1/3 (*Toung pao*, 1896, p. 505). L'exactitude rigoureuse de ces mesures est d'ailleurs peu certaine.

(milieu du septième siècle) confirme ce témoignage, quoiqu'une faute de texte rende au premier abord ses paroles peu claires[1] : « *Tcheng (Hiuan)*, dans la préface qu'il fit au *Louen yu*, dit : « Pour le *Yi*, le « *Che*, le *Chou*, les Rites, la musique et le *Tch'ouen-* « *ts'ieou*, les fiches étaient toutes de un pied et deux « pouces; pour le *Hiao king*, elles étaient plus petites « de moitié; pour le *Louen yu*, les fiches qui avaient « huit pouces étaient encore plus petites d'un tiers » (n° XVII) 鄭 作 論 語 序 云。易 詩 書 禮 樂 春 秋 策 皆 尺 二 寸。孝 經 謙 半 之。論 語 八 寸 策 者 三 分 居 一 又 謙 焉。Il est évident que, si les fiches du *Louen yu* avaient huit pouces[2] et étaient plus petites d'un tiers que les fiches du *Hiao king*, ces der- nières devaient mesurer douze pouces, soit un pied et deux pouces, comme, d'autre part, les fiches du *Hiao king* étaient plus petites de moitié que les fiches

---

[1] Commentaire du *Yi-li* par *Kia Kong-yen* (*Song pen Che san king tchou sou fou kiao k'an ki*, éd. de 1887, *Yi-li*, chap. XXIV, p. 20 v°).

[2] L'exactitude de cette mesure des fiches du *Louen yu* nous est attestée par un passage du *Pei che* 北 史 (chap. LXXXI, p. 8 r°), où il est parlé d'un certain *Siu Tsouen-ming* 徐 遵 明 qui prétendait défendre une leçon manifestement fautive de ce passage de la pré- face de *Tcheng Hiuan* au *Louen yn* : «(*Siu*) *Tsouen-ming* vit (un exemplaire de) la préface de *Tcheng Hiuan* au *Louen yu* dans le- quel, au lieu des mots «... était écrit sur des fiches de huit «pouces», on avait mis par erreur 八 十 宗 (au lieu de 八 寸 策). (*Siu Tsouen-ming*) se servit de détours subtils pour justifier cette leçon; telle était constamment sa bizarrerie» (n° XVIII) 遵 明 見 鄭 玄 論 語 序 云。書 以 八 寸 策。誤 作 八 十 宗。因 曲 爲 之 說。其 僻 也 皆 如 此。

des principaux livres classiques, ces dernières avaient
nécessairement deux pieds et quatre pouces. Il faut
donc corriger le texte de *Kia Kong-yen* et écrire
« deux pieds et quatre pouces » au lieu de « un pied
et deux pouces »; avec cette correction qui s'impose,
le témoignage de *Kia Kong-yen* devient rigoureusement conforme à celui de *K'ong Ying-ta*.

Les fiches dont *Tcheng Hiuan* nous indique ici les
différentes longueurs sont celles sur lesquelles étaient
écrits les classiques au moment où *Ts'in Che-houang-
ti* décréta la destruction des livres en 213 avant
J.-C. Nous connaissons donc les longueurs des fiches
à l'époque des *Ts'in*.

Pour les temps antérieurs aux *Ts'in*, les textes
qui prétendent nous donner des indications sur les
longueurs des fiches sont suspects. Le récit du fameux voyage du roi *Mou* dans le fabuleux occident,
le *Mou t'ien tseu tchouan* 穆天子傳, fut retrouvé
en l'an 281 de notre ère dans une tombe de la
sous-préfecture de *Ki* 汲 où il avait été enterré en
299 avant J.-C.; le manuscrit ainsi exhumé est donc
antérieur aux *Ts'in*. Or *Siun Hiu* 荀勗, qui fut
le premier éditeur de cet ouvrage à la fin du troisième siècle de notre ère, dit dans la préface qu'il
plaça en tête de son édition[1] : « Le *Mou t'ien tse
tchouan* en caractères antiques est un livre qui fut
trouvé la deuxième année *t'ai-k'ang* (281 p. C.) par

---

[1] Cette préface est reproduite en partie dans les prolégomènes
du *Tchou chou ki nien tsi tcheng* 竹書紀年集證 de *Tch'en
Fong-heng* 陳逢衡 (section 集說, p. 7 r°).

Piao Tchouen, homme de la sous-préfecture **de** *Ki*, lorsqu'il viola pour la piller une ancienne sépulture. Il était entièrement constitué par des fiches de bambou que reliaient des cordons de soie non teinte; si on les mesure avec l'ancien pied dont j'ai précédemment discuté et déterminé la valeur, ces fiches étaient longues de deux pieds et quatre pouces; sur chaque fiche étaient écrits à l'encre quarante mots » (n° XIX) 古文穆天子傳者太康二年汲縣民不準盜發古冢所得書也。皆竹簡素絲編。以臣勖前所考定古尺度其簡長二尺四寸。以墨書一簡四十字。Nous ne songeons pas à mettre en doute l'authenticité du manuscrit du *Mou t'ien tseu tchouan* qui nous paraît bien établie; mais nous remarquerons que *Siun Hiu* n'évalue la longueur des fiches de ce manuscrit qu'en se servant d'un ancien pied dont il a au préalable déterminé la valeur par conjecture; son témoignage est donc peu sûr puisque rien ne nous prouve que la valeur de l'ancien pied ait été estimée par lui avec exactitude; peut-être n'a-t-il trouvé une longueur de deux pieds et quatre pouces aux fiches de la tombe de *Ki* que parce qu'il était parti de l'idée préconçue que ces fiches devaient avoir des dimensions identiques à celles des fiches des grands classiques.

Deux autres textes sont moins dignes encore de créance parceque les manuscrits mêmes dont ils parlent paraissent, l'un moins ancien qu'on ne dit, l'autre dépourvu d'authenticité. Entre 465 et 471 de notre ère, « à *Siang-yang* il y eut des gens qui vio-

lèrent pour la piller une ancienne sépulture; la tradition disait que c'était la sépulture d'un roi de
Tch'ou[1]; on y trouva en abondance des objets pré-
cieux, des sandales de jade, des paravents de jade,
des écrits sur fiches de bambou reliées par des cordons de soie verte; les fiches étaient larges de
quelques *fen* et longues de deux pieds; la surface
plane et les nœuds (du bambou) étaient comme
neufs; les voleurs avaient pris (ces fiches) et les
avaient allumées pour s'éclairer. Plus tard, quelqu'un
trouva une dizaine de ces fiches et les montra au
gouverneur *Wang Seng-k'ien;* celui-ci déclara que
c'était la partie (autrefois) manquante du *Tcheou
kouan,* le *K'ao kong ki* écrit avec des caractères en
forme de têtards[2] » (n° XX) 時 襄 陽 有 盜 發 古
塚 者。相 傳 云 是 楚 王 塚。大 獲 寶 物 玉 屐 玉

---

[1] De 505 à 278 avant J.-C., les rois de *Tch'ou* eurent leur capitale à *Jo* 鄀 qui est aujourd'hui la sous-préfecture de *Yi-tch'eng*
宜 城, dans la préfecture de *Siang-yang* (province de *Hou-pei*).
La tombe qui fut violée à *Siang-yang* au cinquième siècle de notre
ère devait donc être attribuée par la tradition à quelqu'un des rois
de *Tch'ou* qui régnèrent entre 505 et 278 avant J.-C.

[2] C'est-à-dire en caractères antiques. Lorsque, nous dit *Wei Heng*
衛 恆 († 291 ap. J.-C.; *Tsin chou,* chap. XXXVI, p. 3 v°), le roi
Kong, de *Lou* (129 avant J.-C.), trouva en démolissant la maison
de Confucius des textes du *Chou king,* du *Tch'ouen ts'icou* et du
Louen yu, «les gens de ce temps qui ne savaient plus qu'il y avait
eu des caractères antiques appelèrent (l'écriture de ces textes)
écriture en forme de têtards» 時 人 以 不 復 知 有 古 文
謂 之 科 斗 書. Ainsi cette expression désigne simplement à
l'origine les caractères antiques; mais plus tard la fantaisie des
calligraphes s'ingénia à faire des caractères qui eussent tout à fait
la forme de têtards.

屏風竹簡書青絲編。簡廣數分長二尺。皮
節如新。盜以把火自照。後人有得十餘簡
以示撫軍王僧虔。云是科斗書考工記周官
所闕文也。(*Nan Ts'i chou*, chap, XXI, p. 1 v°; cf.
Nan-che, chap. XXII, p. 7 r°). Si la tombe ouverte à
Siang-yang était celle d'un roi de *Tch'ou*, les écrits
qu'elle contenait devraient être assignés à une date
comprise entre l'année 505 et l'année 278 avant J.-C.,
puisque c'est entre ces deux limites extrêmes que
les rois de *Tch'ou* eurent leur capitale sur le territoire
de la préfecture de *Siang-yang;* mais on observera
que l'attribution de cette tombe à un roi de *Tch'ou*
n'a d'autre fondement qu'une vague tradition popu-
laire; d'autre part, le fait que les quelques fiches
qu'on put sauver de la destruction étaient des frag-
ments du *K'ao kong ki* nous dispose à admettre que
cette sépulture doit être en réalité rapportée au
temps des *Han,* car le *K'ao kong ki* ne fait son apparition qu'entre 155 et 130 avant J.-C. et tout porte
à croire qu'il fut compilé vers cette époque. —
D'après le *Nan-che* (chap. IV, p. 3 r°), la deuxième
année *cheng-ming* (478 après J.-C.), dans la sous-
préfecture de *Wou-tsin* 武進[1], on trouva enfouie
non loin du temple consacré à *Ki-tcha* du pays de
Wou 吳季札 une fiche en bois longue de un pied
et large de deux *fen* (n° XXI) 得一木簡長一尺
廣二分 sur laquelle se détachaient douze mots
dont le sens était : « Le sage de la montagne *Lou,*

---

[1] Aujourd'hui encore sous préfecture de *Wou-tsin* (préfecture
de *Tch'ang-tcheou* 常州, province de *Kiang-sou* 江蘇).

Tchang Ling, salue par deux fois et se rend au palais pour s'informer de la santé du (souverain) » 盧 山 道 人 張 陵 再 拜 詣 闕 起 居。 Cette découverte n'a aucune valeur scientifique parce qu'en réalité elle n'avait d'autre raison d'être que de fournir un prétexte de légimité à celui qui devait, l'année suivante (479), prendre le titre d'empereur et fonder la dynastie des *Ts'i;* on voulait faire croire que quelque sage de l'antiquité annonçait cette grandeur future et c'est pourquoi on écrivit la prédiction sur une fiche de bois analogue à celles dont on se servait autrefois; mais la supercherie est manifeste. Il est probable que le faussaire prit pour modèle de sa fiche quelqu'une de celles qui avaient cours à l'époque des *Han*.

Sur les dimensions des fiches en usage à l'époque des *Han* orientaux, nous avons un témoignage précis de *Ts'ai Yong* 蔡 邕 (133-192 après J.-C.); dans son ouvrage intitulé *Tou touan*[1] 獨 斷 (chap. i, p. 4 r°), cet auteur parlant des édits impériaux appelés *ts'ö chou*[2] 策 書 (litt. : écrits sur fiches), dit : « Les dimen-

---

[1] Le *Tou touan* se trouve dans le *Han wei ts'ong chou*.

[2] D'après *Ts'ai Yong*, les édits impériaux se divisaient en quatre catégories : 1° les *ts'ö chou* 策 書 qui commençaient par la formule 皇 帝 曰 ; 2° les *tche chou* 制 書 qui commençaient par la formule 制 詔 三 公 ; 3° les *tchao chou* 詔 書 qui commençaient par la formule 告 某 官 ; 4° les *kiai chou* 戒 書 qui commençaient par la formule 有 詔 敕 某 官. — On a conservé gravé sur pierre un *tchao chou* de l'époque des *Han* orientaux; voir dans le *Houai lou ts'ong chou* 槐 盧 叢 書, le *Kin che lou pou* 金 石 錄 補 (chap. ii, p. 10 r° et v°) composé en 1680 par *Ye Yi-pao* 葉 奕 苞 ; mais le texte de l'édit n'est pas donné.

sions sont de deux pieds pour les (fiches) longues, et moitié moindres pour les courtes; on les range en plaçant alternativement une longue et une courte qui sont réunies deux par deux et se rattachent par le bas. (Ces édits) sont écrits en caractères *tchouan;* ils débutent par la mention de l'année, du mois et du jour, puis énoncent : « L'Empereur dit.... » On s'en sert pour donner des ordres aux rois-vassaux[1] et aux trois ducs du palais. Lorsque quelqu'un des rois-vassaux ou des trois ducs du palais meurt en charge, c'est aussi en lui conférant un `édit de l'espèce *ts'ö chou* qu'on fait un éloge funèbre et qu'on décerne un nom posthume en rapport avec sa conduite. Ce *ts'ö chou* est identique aux *ts'ö chou* qu'on adresse aux vassaux (pendant leur vie). Quand un des trois ducs du palais est dégradé pour quelque faute, on lui remet aussi un écrit sur fiches analogue aux fiches dont il a été parlé plus haut; mais il est rédigé en caractères *li* et les (fiches en) bois qui ont un pied et un pouce portent deux lignes (d'écriture). C'est par là seulement qu'il se distingue (des *ts'ö chou* ordinaires) » (n° XXII) 其 制 長 二 尺。短 者 半 之。其

---

[1] Sur les rois-vassaux 諸 侯 王, cf. *Sseu-ma Ts'ien,* trad. fr., t. II, p.53o. — On trouvera le mot 策, avec ce sens particulier d'édits impériaux de la première catégorie, dans le *Heou Han chou* (chap. 1, *a,* p. 8 r°) où un édit conférant en l'an 26 après J.-C. des fiefs à des seigneurs est introduit par la formule 策 曰 ; de même l'expression 策 勳 (*Heou Han chou,* chap. 1, *b,* p. 4 v°) est expliquée par *Yen Che-kou* de la manière suivante : « Ceux qui avaient eu du mérite, on énuméra leurs actions dans des édit s *ts'ö-chou* » 其 有 功 者 以 策 書 紀 其 勳 也。

次 一 長 一 短。兩 編 下 附。篆 書。起 年 月 日。稱
皇 帝 曰。以 命 諸 侯 王 三 公。其 諸 侯 王 三 公
之 薨 于 位 者 亦 以 策 書 誄 諡 其 行 而 賜 之。如
諸 侯 之 策。三 公 以 罪 免 亦 賜 策 文。體 如 上
策。而 隸 書。以 尺 一 木 兩 行。唯 此 爲 異 者 也。

Ainsi, d'après *Ts'ai Yong*, les édits de l'espèce *ts'ö chou* 策 書 étaient écrits sur des fiches alternativement de deux pieds et de un pied, chaque groupe d'une fiche de deux pieds et d'une fiche de un pied formant un couple indivisible. Dans le cas particulier où ces édits *ts'ö chou* avaient pour objet de décréter la dégradation d'un des trois plus hauts fonctionnaires de l'empire, les fiches avaient un pied et un pouce de long. La mesure de un pied et un pouce[1]

---

[1] Cette mesure de un pied et un pouce se retrouve lorsqu'il est question des lettres officielles de l'empereur à l'époque des premiers *Han*. *Sseu-ma Ts'ien* (chap. cx, p. 6 v°) nous apprend en effet que l'empereur *Wen* (179-157 avant J.-C.) « envoya au *chan-yu* (chef suprême des *Hiong-nou*) une lettre écrite sur une tablette de un pied et un pouce » (n° XXIII) 遺 單 于 書 牘 以 尺 一 寸. Par arrogance, le *chan-yu* répondit en « envoyant à (l'empereur de la dynastie) *Han*, une lettre écrite sur une tablette de un pied et deux pouces » 遺 漢 書 以 尺 二 寸 牘。 — Je traduis le mot 牘 par « tablette » pour distinguer ce terme de la planchette 版 et de la fiche 簡. Le *Chouo wen* définit le mot *tou* 牘 comme désignant une planchette écrite 書 版 也. Cependant *Yen Che-kou* (579-645) dit que le *tou* était une fiche en bois 牘 木 簡 也 (*Ts'ien Han chou*, chap. LXIII, p. 8 v°; biogr. du roi *Ngai*, de *Tch'ang-yi*). Ailleurs, *Yen Che-kou* dit que la forme du *tou* 牘 était comme celle du *hou* 笏 en bois qu'on employait de son temps, à cette différence près que les angles n'étaient pas rognés (n° XXIV) 顏 師 古 曰。形 若 今 之 木 笏。但 不 挫 其 角 耳 (cité par *Touan Yu-ts'ai*, dans son édition du *Chouo wen*, chap. VII; *a*, p. 34 r°, au mot 牘). On trouvera un

paraît, quoique *Ts'ai Yong* n'en dise rien, avoir été aussi celle des trois autres espèces d'édits impériaux, à savoir les *tche chou* 制書, les *tchao chou* 詔書 et

dessin de la tablette *hou* 笏 dans le *Dictionnaire chinois-français* du P. Couvreur (s. v.), mais il n'est pas sûr que le *hou* de l'époque des *T'ang* fût conforme à ce dessin. Quoi qu'il en soit, il semble bien que le 牘, dont on se servait pour les lettres, n'était exactement ni la planchette 版, ni la fiche 簡, et qu'elle avait une largeur moindre que celle de la première et supérieure à celle de la seconde. C'est pour cette raison que je rejette en note tout ce qui a trait aux *tou* 牘, car il importe de ne pas les confondre avec les fiches proprement dites. — Si les missives de l'empereur étaient écrites sur des *tou* ou tablettes de un pied et un pouce de long, les tablettes dont se servaient les simples particuliers n'avaient que un pied de long; de là l'expression 尺牘 qui se trouve déjà chez *Sseu-ma Ts'ien* (chap. IV, p. 11 r°) et dans le *Ts'ien Han-chou* (chap. XCII, p. 5 r°) et qui désigne aujourd'hui la correspondance épistolaire en général. — Enfin, il convient de remarquer que lorsque le mot 牘 ne désigne pas spécialement la tablette destinée aux missives, il devient un terme assez vague qui peut s'appliquer à toutes les fiches et planchettes sur lesquelles on écrivait. C'est ainsi que *Yen Che-kou* (579-645), commentant l'expression 契券 (*Ts'ien Han-chou*, chap. I, *a*, p. 1 v°), dit : (n° XXV) 以簡牘爲契券 «on se servait de fiches pour faire les contrats». Dans le *Ts'ien Han chou* (chap. XCVII, *b*, p. 5 v°), à la date de l'an 12 avant J.-C., nous relevons un texte où il est difficile de savoir si le mot 牘 désigne une lettre écrite sur une tablette de bois ou un édit écrit sur fiches de bambou; il y est question en effet d'une note écrite émanant de l'empereur 詔記; cette note est remise à un certain *Tsi Wou* 籍武 qui reçoit l'ordre d'écrire de sa propre main la réponse sur le dos de la tablette 手書對牘背. *Yen Che-kou* commente cette phrase en disant : «Le *tou* était une fiche de bois; on s'était alors servi (d'un *tou*) pour y mettre une note écrite émanant de l'empereur qui interrogeait (*Tsi Wou*); c'est pourquoi (*Tsi Wou*) reçoit l'ordre d'écrire la réponse sur le dos (du *tou*)» (n° XXVI) 牘木簡也。時以爲詔記問之。故令於背上書封辭。 Enfin, dans la préface du *Tso tchouan* par *Tou Yu* (222-284),

les *kiai chou* 戒書[1]; c'est du moins la conclusion
que nous tirons du fait que l'expression 尺一 «un
pied et un pouce» désigne communément les édits
impériaux. Exemples: (*Heou Han chou*, chap. cix, *a*,
p. 3 r°) «Alors un édit impérial fit sortir (de pri-
son) (*Fan*) *Cheng*» (n° XXVII) 卽尺一出升。—
(*Heou Han chou*, chap. lxxxvii, p. 5 v°): «Les édits
impériaux qui nomment aux fonctions publiques
ne sont plus soumis à l'examen du souverain»
(n° XXVIII) 尺一拜用不經御省。(Commentaire
de 676[2]) : «Les planchettes[3] de un pied et un
pouce, cela veut dire les fiches des édits impériaux»
(n° XXIX) 尺一之板謂詔策也。

Pour les ordres et proclamations militaires dési-
gnés par le nom de *hi* 檄, la longueur de la fiche est
indiquée par le *Chouo wen* (100 après J.-C.) comme
étant de un pied et deux pouces[4]. Il est probable que

quand il est dit que les grandes affaires étaient enregistrées sur des
ts'ö 策, tandis que les petites affaires étaient écrites sur des 簡
ou sur des 牘, le mot 牘 est l'équivalent de 版 «planchette».

[1] Cf. p. 24, n. 2.

[2] Le commentaire de *Heou Han chou* fut publié en 676 par une
commission de lettrés que présidait le prince *Li Hien* 李賢,
connu aussi sous le nom de *Hien*, l'héritier présomptif (dont le
nom posthume est) *Tchang-houai* 章懷太子賢. Voir la préface de l'édition de 1035 du *Heou Han chou* reproduite à la fin de
l'édition lithographique de ce livre publiée à *Chang-hai* en 1888.

[3] Le mot 板 est ici employé dans un sens vague et ne désigne
pas la planchette en tant qu'opposée à la fiche. Elle est toute la-
melle de bois sur laquelle on peut écrire, et, dans le cas particulier qui nous occupe, elle se trouve être une fiche.

[4] Les éditions anciennes du *Chouo wen* sur lesquelles sont fon-
dées les éditions modernes de ce livre, donnent toutes la leçon 二
尺書 «un écrit de deux pieds de long». Mais *Touan Yu-ts'ai*

cette dimension, qui coïncide avec celle des anciennes fiches sur lesquelles était écrit le *Hiao king* (texte n° XVI), était une survivance de l'antiquité[1]; tout ce qui avait trait à la guerre en effet était réglé par des rites immuables, et c'est pourquoi les modifications apportées à l'époque des *Han* dans les dimensions des fiches sur lesquelles on écrivait ont pu ne pas atteindre les fiches destinées à appeler aux armes les soldats ou à envoyer des instructions aux officiers des armées.

(chap. vi, *a*, p. 55 v° de son édition du *Chouo wen*) a fait remarquer qu'il faut rétablir la leçon 尺二書 « un écrit de un pied et deux pouces de long ». En effet, le commentaire du *Heou Han chou* publié en 676 sous la direction du prince *Li Hien* 李賢 nous apprend (*Heou Han chou*, chap. i, *a*, p. 4 r°) que : « Le *Chouo wen* dit : Le *hi* est un écrit pour lequel on se sert de fiches en bois; il est long de un pied et deux pouces» (n° XXX) 說文曰。檄以木簡爲書。長尺二寸。 Le commentateur *Yen Che-kou* (579-645) nous fournit la même indication (*Ts'ien Han chou*, chap. i, *b*, p. 6 v°), mais sans dire qu'il l'emprunte au *Chouo wen*.

[1] Je serais disposé à voir une confirmation de cette hypothèse dans le fait que les tablettes funéraires des empereurs *Han* présentaient, elles aussi, cette dimension archaïque de un pied et deux pouces; le commentaire du *Heou Han chou* publié en 676 dit en effet, à propos d'un fait daté de l'année 26 après J.-C. (*Heou Han chou*, chap. i, *a*, p. 8 v°) : «Les tablettes des âmes étaient faites en bois; elles avaient la forme d'un carré d'un pied et deux pouces de côté; un trou était percé au centre pour permettre de communiquer avec les quatre directions de l'espace. Les tablettes des Fils du Ciel étaient longues de un pied et deux pouces; les tablettes des seigneurs étaient longues de un pied» (n° XXXI) 神主以木爲之。方尺二寸。穿中央達四方。天子主長尺二寸。諸侯主長一尺。 Ainsi, les rites funéraires, de même que les rites guerriers, avaient maintenu la dimension de un pied et deux pouces, à une époque où cette dimension était tombée en désuétude pour les usages ordinaires.

C'est par une survivance analogue que les textes classiques et les règles rituelles continuèrent jusque sous la dynastie des *Han* orientaux à être écrits sur des fiches de deux pieds et quatre pouces semblables aux fiches des grands classiques à l'époque des *Ts'in :* Le *Heou Han chou* (chap. LXV, p. 4 v°) nous apprend que, la première année *tchang-ho* (87 après J.-C.), un certain *Ts'ao Pao* 曹褒 fut chargé de faire une refonte de l'ouvrage en douze liasses sur les règles rituelles des *Han* qui avait été écrit par *Chou-souen T'ong* et qui avait été récemment présenté au trône par *Pan Kou* 班固所上叔孫通漢儀十二篇; *Ts'ao Pao* développa le travail de son prédécesseur et en fit un ouvrage en 150 liasses qui était écrit sur des fiches de deux pieds et quatre pouces (n° XXXII) 以爲百五十篇。寫以二尺四寸簡。 D'autre part, en 121 après J.-C., un personnage appelé *Tcheou P'an* 周磐, sentant qu'il allait bientôt mourir, donna ses dernières instructions au sujet de ses funérailles et dit : « Formez une liasse de fiches de deux pieds et quatre pouces sur lesquelles vous aurez écrit le chapitre *Yao tien,* et placez-les, en même temps qu'un couteau et un style en avant de mon cercueil, afin de montrer que la sainte doctrine n'a pas été négligée (par moi) » (n° XXXIII) 編二尺四寸簡。寫堯典一篇幷刀筆各一置棺前。而不忘聖道。 (*Heou Han chou,* chap. LXIX, p. 7 r°).

Les fiches du code pénal des *Han* paraissent au premier abord former une catégorie à part; en effet, dans le *Ts'ien Han chou* (chap. LX, p. 1 r°), un certain *Tou Tcheou* 杜周, qui vivait au temps de l'empereur *Wou* (140-87 avant J.-C.), parle des lois pénales en les appelant les lois de trois pieds 三尺法, et le commentateur *Mong K'ang* 孟康 (IIIe siècle de notre ère) explique ce terme en disant : « C'était sur des fiches en bambou[1] de trois pieds qu'on écrivait les lois du code pénal » (n° XXXIV) 以三尺竹簡書法律也。De même, au temps de l'empereur *Tch'eng* (32-7 avant J.-C), un nommé *Tchou Po* 朱博 dit (*Ts'ien Han chou*, chap. LXXXIII, p. 5 v°) : « Si on se conforme, comme le font les gouverneurs et les officiers des *Han* aux lois et ordonnances de trois pieds pour régler les affaires, à quoi peut servir la doctrine de l'Homme Saint dont parlent les lettrés? » (n° XXXV) 如太守漢吏奉三尺律令以從事耳。亡奈生所言聖人道何也。Faut-il prendre

---

[1] Déjà à l'époque des *Tcheou* le code pénal avait déjà été parfois écrit sur des fiches de bambou; à la date de 501 avant J.-C. (9e année du duc *Ting*), le *Tso tchouan* nous parle en effet des lois pénales de *Teng Si* 鄧析 qui étaient écrites sur bambou 竹刑, mais nous ne savons pas quelles étaient les dimensions des fiches de ce code pénal de *Teng Si*. Dans deux autres occasions, en 536 et en 513 avant J.-C. (6e et 29e année du duc *Tchao*), le *Tso tchouan* nous parle de lois pénales qui avaient été reproduites sur les flancs de trépieds grâce à des moules dans lesquels on avait coulé le métal en fusion; c'est le procédé qu'impliquent les expressions dont se sert le *Tso tchouan* : 鄭人鑄刑書 «Les gens de *Tcheng* firent en métal fondu le texte des lois pénales»; 逐賦晉國一鼓鐵以鑄刑鼎。著范宣子所爲刑書焉。 «Alors ils levèrent dans le pays de *Tsin* une contribution de un *kou* (mesure de 480 livres) de fer afin de fondre les trépieds des lois pénales sur lesquels fut exposé le texte des lois pénales rédigé par *Fan Siuan-tseu.* »

ces témoignages au pied de la lettre et fixer à trois
pieds exactement la longueur des fiches du code pénal
à l'époque des *Han*? L'érudit *Wang Ying-lin* 王應
麟 (1223-1296) soutient[1], avec raison me semble-
t-il, que le chiffre de trois pieds est une évaluation
en nombre rond et que la vraie dimension des fiches
du code pénal était de deux pieds et quatre pouces.
En effet, *Houan K'ouan* 桓寬, qui écrivit sous
le règne de l'empereur *Sinan* (73-49 avant J.-C.)
ses discussions sur le sel et le fer 鹽鐵論[2], nous
dit (chap. xii, section 詔聖) : « Les lois (écrites sur
des fiches) de deux pieds et quatre pouces ont été
identiques[3] dans l'antiquité et les temps présents »
(n° XXXVI) 二尺四寸之律古今一也。Et plus
loin, il ajoute : « Ce n'est pas que les lois (écrites
sur des fiches) de deux pieds et quatre pouces
eussent changé... » (n° XXXVII) 非二尺四寸之
律異。Ainsi, un auteur du premier siècle avant
notre ère, nous atteste que, de son temps, les lois
étaient écrites sur des fiches de deux pieds et quatre
pouces, ce qui prouve que la mesure de trois pieds
communément citée n'est qu'approximative. Pour
les lois pénales, comme pour les règlements rituels
(cf. texte n° XXXII), les *Han* avaient donc conservé

---

[1] Voir le *K'ouen hio ki wen* 困學紀聞 de *Wang Ying-lin*,
chap. vi, p. 38 r° de la petite édition lithographique publiée à
Chang-hai en 1889 avec le commentaire de *Wong Yuan-k'i* 翁元
圻 (1825).

[2] Cet ouvrage est incorporé dans le *Han Wei ts'ong chou*.

[3] Il s'agit ici de l'identité du contenu des lois, et non de l'identité de la longueur des fiches.

la mesure de deux pieds et quatre pouces qui était celle des anciennes fiches sur lesquelles étaient écrits les grands classiques (cf. texte n° XVI).

Voici les conclusions auxquelles nous arrivons après cette discussion sur les longueurs des fiches : au sujet des longueurs des fiches à l'époque des *Tcheou*, nous n'avons qu'un seul texte; c'est celui (n° XIX) où *Siun Hiu* dit que les fiches du *Mou t'ien tseu tchouan*, qui furent enterrées dans la tombe de *Ki* en 299 avant J.-C., mesuraient deux pieds et quatre pouces; mais nous avons montré que cette évaluation était toute conjecturale. En réalité, le premier témoignage certain relatif aux longueurs des fiches est celui où *Tcheng Hiuan* nous parle des fiches qui avaient respectivement deux pieds et quatre pouces pour les grands classiques, un pied et deux pouces pour le *Hiao king*, huit pouces pour le *Louen yu;* l'origine des ces fiches remonte au règne de *Ts'in Che-houang-ti;* c'est en effet lors de l'édit de proscription des livres, en 213 avant J.-C., que les principaux ouvrages de la littérature furent cachés; lorsqu'on les retrouva sous les *Han*, on les recopia en conservant minutieusement pour chacun d'eux la disposition matérielle des fiches et des lignes sur les fiches; c'est ainsi que tous les copistes de ces ouvrages se servirent de fiches identiques à celles qu'on employait en 213 avant J.-C. D'ailleurs les longueurs mêmes attribuées à ces fiches suffiraient à révéler la date à laquelle il convient de les rapporter; en effet, nous savons que *Ts'in Che-houang-ti* fit du nombre 6 l'étalon de toutes les dimensions[1]; or les grandes fiches avaient deux pieds et quatre pouces, soit 24 pouces ($=4 \times 6$); les fiches moyennes avaient un pied et deux pouces, soit douze pouces ($= 2 \times 6$); les petites fiches avaient huit pouces, c'est-à-dire qu'elles étaient de deux sixièmes plus courtes que les fiches moyennes. Ne remarquons-nous pas là cette prédominance du nombre 6 qui est caractéristique du temps de *Ts'in Che-houang-ti?* A l'époque des *Han* on continua à se servir des dimensions fixées par les *Ts'in* lorsqu'il s'agissait soit d'ouvrages classiques (texte n° XXXIII), soit de règlements rituels (texte n° XXXII), soit de lois pénales (textes n° XXXVI et n° XXXVII), soit de proclamations militaires (texte n° XXX), soit de tablettes funéraires (texte n° XXXI). Mais, pour toutes les matières qui n'étaient pas régies par une tradition immuable, on eut recours à des fiches qui étaient de un pied pour les simples particuliers, tandis que l'empereur, afin de marquer sa supériorité, employait dans ses édits soit des fiches de deux pieds et de un pied alternantes (texte n° XXII), soit des fiches de un pied et un pouce (textes n°ˢ XXVII, XXVIII, XXIX).

Après avoir déterminé la longueur des fiches, essayons d'en fixer la largeur. Nous avons déjà dit (p. 14, l. 9-13), que la fiche de bambou, à cause de la matière même dont elle était constituée, devait être étroite. Deux des textes que nous avons cités

---

[1] **Cf.** *Sseu-ma Ts'ien,* trad. fr., t. II, p. 130, l. 2.

confirment cette présomption ; dans l'un (n° XX), il
est question de fiches dont la largeur était de
quelques *fen* 分 ; dans l'autre (n° XXI), d'une fiche
dont la largeur était de 2 *fen*. Le *fen* est la centième
partie du pied ; sa valeur est donc d'environ deux
à trois millimètres ; ainsi une fiche de 2 *fen* n'avait
guère qu'un demi-centimètre de largeur, et une fiche
de quelques *fen,* c'est-à-dire de moins d'un pouce,
devait être large de un à deux centimètres. Il en résulte que, comme le dit *K'ong Ying-ta*[1] 孔穎達
(574-648), « chaque fiche ne pouvait recevoir
qu'une seule ligne d'écriture » (n° XXXVIII) 簡之
所容一行字耳。

Des témoignages précis corroborent l'exactitude
de cette affirmation de *K'ong Ying-ta. Kia Kong-yen*
(milieu du viie siècle) rappelle[2] que *Tcheng Hiuan*
(127-200), dans son commentaire au *Chang chou*
ou *Chou king,* disait : « Trente mots forment le
texte d'une fiche » 三十字一簡之文, tandis que
Fou K'ien 服虔 (iiie siècle ap. J.-C.), dans son commentaire au *Tso tchouan,* disait : « Pour les caractères *tchouan* de l'écriture antique il y en a huit par
fiche » (n° XXXIX) 古文篆書一簡八字 [3]. Voici
enfin un texte du *Ts'ien Han chou* (chap. xxx, p. 3 r°),

---

[1] Commentaire à la préface du *Tch'ouen ts'ieou* par *Tou Yu*
(*Song pen che san king tchou sou fou kiao k'an ki, Tso tchouan,*
chap. i, p. 2 v°).

[2] *Song pen che san king tchou sou fou kiao k'an ki, Yi-li,* section
P'ing-li, chap. xxiv, p. 20 v°.

[3] Dans le commentaire de *Kia Kong-yen,* cette citation de *Fou
K'ien* est modifiée par l'adjonction du mot 分 entre le mot 八

qui est difficile à comprendre, mais qui a été fort bien expliqué par *Yen Jo-kiu* 閻若璩 (1636-1704), à la suite des discussions qu'il eut au sujet de ce passage en 1683 et 1684 avec son ami *Hou K'ou-ming* 胡朏明[1]. Il s'agit de la revision du *Chou king* que fit, dans la seconde moitié du premier siècle avant notre ère, *Lieou Hiang* 劉向 en comparant le texte moderne avec le texte antique : « *Lieou Hiang* se servit du texte antique conservé dans le palais impérial[2] pour vérifier le texte du livre classique dans les trois éditions de *Ngeou-yang*, de *Hia-heou* l'aîné, et de *Hia-heou* le cadet; il constata (ainsi) que, dans ces trois éditions, il manquait une fiche du chapitre *Tsieou kao* et deux fiches du chapitre *Chao kao*. Dans le chapitre où les fiches avaient 25 mots, il man-

le mot 字; cette superfétation ne s'explique que par une inadvertance de copiste à qui les mots 八字 auront rappelé l'expression usuelle 八分字 qui désigne les caractères intermédiaires entre les petits caractères *tchouan* 小篆 et les caractères *li* 隸; l'invention des caractères *pa fen* est attribuée à un certain *Wang Ts'eu-tchong* 王次仲 que les uns placent à l'époque de *Ts'in Che-houang-ti*, tandis que d'autres le font vivre sous les *Han* orientaux (*Kou kin t'ou chou tsi tch'eng*, *Tse hio tien*, chap. II, p. 9 r°-v° et p. 18 r°). — Le texte original du *Fou K'ien* ne devait pas comporter le mot 分, et c'est en effet sans ce mot qu'il est cité par *Yen Jo-kiu* (*S H T K K*, chap. XXXV, p. 38 v°).

[1] Voir le *Chang chou kou wen sou tcheng* 尚書古文疏證 de *Yen Jo-kiu*, § 111 (*S H T K K*, chap. XXXV, p. 36 v°-39 r°). — *Hou K'ou-ming* n'est autre que *Hou Wei* (cf. GILES, *Biogr. Dict.*, n° 823).

[2] L'expression 中古文 se retrouve à propos du *Yi king* dans ce même chapitre du *Ts'ien Han chou* (chap. XXX, p. 2 r°), et *Yen Che-kou* explique le mot 中 en disant que ce terme spécifie qu'il s'agit des livres appartenant au Fils du Ciel 中者天子之書也。

quait effectivement 25 mots; dans le chapitre où les
fiches avaient 22 mots, il manquait effectivement
22 mots. Les différences de graphie des caractères
étaient au nombre de plus de 700; les mots omis
étaient au nombre de quelques dizaines » nº XL)
劉 向 以 中 古 文 校 歐 陽 大 小 夏 侯 三 家 經 文。
酒 誥 脫 簡 一。召 誥 脫 簡 二。率 簡 二 十 五 字 者
脫 亦 二 十 五 字。簡 二 十 二 字 者 脫 亦 二 十 二
字。文 字 異 者 七 百 有 餘。脫 字 數 十。 Voici ce
que signifie ce texte, d'après les explications de *Hou
K'ou-ming* que nous a conservées *Yen Jo-kiu* : lorsque
Fou Cheng 伏 勝 avait fait la copie du *Chou king*
qu'il cacha au moment de l'édit de proscription pro-
mulgué par *Ts'in Che-houang-ti* en 213 avant J.-C., il
s'était servi de fiches qui ne comportaient pas toutes
le même nombre de mots; c'est ainsi que, lorsqu'il
écrivit le chapitre *Tsieou kao*, il mit 25 mots à la
fiche, tandis qu'en écrivant le chapitre *Chao kao* il
mit 22 mots à la fiche. Les trois éditeurs *Ngeou-
yang Kao* 歐 陽 高, *Hia-heou Cheng* 夏 侯 勝 et *Hia-
heou Kien* 夏 侯 建, qui prirent le texte moderne de
Fou Cheng pour base de leurs travaux, se confor-
mèrent rigoureusement à cette disposition matérielle
de l'écriture sur les fiches. Or, quand *Lieou Hiang*
compara ces trois éditions au texte antique qui était
resté conservé dans le palais depuis l'époque où
K'ong Ngan-kouo 孔 安 國 († 91 avant J.-C.) l'avait
étudié, il constata que, dans le chapitre *Tsieou kao*
où les fiches étaient de 25 mots, il manquait pré-
cisément 25 mots, et que, dans le chapitre *Chao kao*

où les fiches étaient de 22 mots, il manquait précisé-
ment 44 mots, c'est-à-dire deux fiches de 22 mots; il
en conclut que le texte moderne avait perdu une
fiche du *Tsieou kao* et deux fiches du *Chao kao;* il
put en même temps trouver là une preuve de l'authenticité du texte antique puisque celui-ci permet-
tait de constater avec une absolue exactitude les
lacunes du texte moderne. Poursuivant la confron-
tation des deux textes, *Licou Hiang* constata que
700 caractères étaient écrits autrement dans le texte
moderne que dans le texte antique; enfin il remarqua
que, en dehors des lacunes produites par la dispari-
tion de trois fiches, l'inadvertance du copiste avait
omis ici et là dans le texte moderne un mot ou
deux, ces omissions formant un total de quelques
dizaines de mots.

Comme on le voit, le nombre de mots que nous
trouvons inscrits sur chaque fiche, à savoir 8, ou 22,
ou 25, ou 30 (textes n°⁸ XXXIX et XL), s'accordent
avec la théorie que chaque fiche ne comportait
qu'une seule ligne d'écriture. Dans quelques cas
cependant, on écrivait deux lignes sur la même
fiche; c'est vraisemblablement ce qui eut lieu pour
les fiches du *Mou t'ien tseu tchouan* qui, d'après *Siun
Hiu,* avaient quarante mots par fiche (texte n° XIX).
Un autre texte est d'ailleurs tout à fait explicite sur
ce point; dans la biographie de *Chou Si* 束 皙 (*Tsin
chou,* chap. LI, p. 11 r°), lequel dut mourir vers
l'an 300 de notre ère, nous lisons : « En ce temps, il
y eut des gens qui trouvèrent au pied de la montagne

Song-kao 嵩高 [1] une fiche en bambou sur laquelle il y avait deux lignes d'écriture en caractères *k'o-teou;* on la fit circuler pour la montrer aux uns et aux autres, mais il n'y eut personne qui sût ce que c'était. Le *sseu-k'ong Tchang Houa* [2] 司空張華 interrogea (*Chou*) *Si* à ce sujet; (*Chou*) *Si* lui dit : « C'est « là un texte des fiches qui se trouvaient dans la tombe « *Hien-tsie* [3] de l'empereur *Ming* (58-75 après J.-C.) de « la dynastie *Han* ». Après vérification, il se trouva que cela était exact » (n° XLI) 時有人於嵩高山下得竹簡一枚。上兩行科斗書。傳以相示。莫有知者。司空張華以問晳。晳曰。此漢明帝顯節陵中策文也。檢驗果然。Nous avons vu d'ailleurs plus haut (n° XXII) que, sous les *Han* orientaux, les édits impériaux d'une certaine catégorie étaient aussi écrits à raison de deux lignes par fiche.

Quoique l'existence des fiches comportant deux lignes d'écriture soit ainsi certaine, il n'en reste pas moins bien établi que la très grande majorité des fiches ne comportaient qu'une seule ligne. Il en résulte qu'elles n'étaient écrites que d'un côté et que le dos de la fiche restait vierge. Il est vraisemblable d'ailleurs que, même dans les cas exceptionnels où

[1] Le *Song-kao* est le pic du centre dans la série des cinq montagnes sacrées. Il est au S. E. de *Ho-nan fou.*

[2] Sur *Tchang-Houa* (232-300), voir GILES, *Biogr. Dict.,* n° 65.

[3] Le commentaire du *Heou Han chou* publié en 676 cite (*Heou Han chou,* chap. III, p. 1 r°) le *Ti wang ki* 帝王記 qui dit que la tombe *Hien-tsie* était à 37 *li* au S. E. de *Lo-yang* (*Ho-nan fou*), qu'elle avait 300 pas de côté et qu'elle était haute de 80 pieds.

les fiches recevaient deux lignes, ces deux lignes se trouvaient côte à côte sur une même face de la fiche.

Puisqu'une fiche ne pouvait recevoir en moyenne que de vingt à trente mots, il est évident que presque tous les écrits s'étendaient sur une suite de plusieurs fiches. D'après certains érudits, le mot 策 désignerait en effet plusieurs fiches réunies[1], tandis que le mot 簡 serait réservé à la fiche isolée. Voici les arguments qu'ils proposent à l'appui de leur thèse : en premier lieu, dans le texte du *Yi li* (n° XII) qui nous apprend que, lorsqu'un texte comptait plus de cent mots on l'écrivait sur un *ts'ö* 策, tandis que s'il comptait moins de cent mots, on l'écrivait sur un *fang* 方 ou planchette, le *ts'ö* 策 doit nécessairement désigner un ensemble de plusieurs fiches, car on n'aurait pu écrire un texte de plus de cent mots sur une fiche isolée; c'est ce qui justifie le commentaire de *Kia Kong-yen* que nous avons cité plus haut (n° XIII). En second lieu, *Tou Yu* 杜預 (222-284), dans sa préface du *Tch'ouen-ts'ieou*, dit : « Les grandes affaires, on les écrivait sur des *ts'ö*; les petites affaires, on les écrivait sur des *kien* et des *tou* » (n° XLII) 大 事 書 之 於 策。小 事 簡 牘。Une variante donne d'ailleurs la leçon 冊 au lieu de 策. *K'ong Ying-ta* explique ce passage de *Tou Yu* en disant que le mot *kien* 簡 désigne une fiche isolée 單 執 一 札 謂 之 爲 簡 sur laquelle on ne pouvait écrire qu'une seule

---

[1] Il s'agit ici du sens du mot 策 à l'époque des *Tcheou*, et non de celui qu'on lui attribua quand on appliqua ce terme à certains édits impériaux de l'époque des *Han* orientaux (cf. p. 24, n. 2).

ligne et que le mot *tou* 牘 désigne la planchette rectangulaire plus large que la fiche 牘乃方版。版廣
於簡 ; quant au *ts'ö* 策, c'était un ensemble de plusieurs fiches réunies 連編諸簡乃名爲策 ; la variante 冊 confirme cette explication car ce caractère n'est que la représentation figurée de plusieurs
fiches réunies par un lien 象其編簡之形。En conclusion donc, dit *K'ong Ying-ta*, « ce qu'on pouvait
écrire entièrement en une ligne, on l'écrivait sur une
fiche (*kien*) ; ce qu'on pouvait écrire entièrement en
quelques lignes, on l'écrivait sur une planchette
(*fang*) ; ce qu'une planchette était insuffisante à con-
tenir, on l'écrivait sur un paquet de fiches (*ts'ö*) »
(n° XLIII) 一行可盡者書之於簡。數行乃盡者書
之於方。方所不容者乃書於策。Enfin le *Tso
tchouan* (25° année du duc *Siang* = 548 avant J.-C.)
nous raconte que deux historiographes du pays de *Ts'i*
ayant été successivement mis à mort pour avoir osé
écrire que *Ts'ouei T'chou* avait assassiné son prince,
un certain *Nan-che* s'exposa à son tour au dernier sup-
plice en se présentant avec une fiche sur laquelle étaient
écrits les mêmes cinq mots accusateurs. « *Nan-che*,
apprenant que les grands historiographes étaient tous
deux morts, se présenta en tenant en main la fiche »
(n° XLIV) 南史氏聞大史盡死執簡以往。On
voit que, dans ce passage où il est question d'une
fiche isolée qui ne contenait que cinq mots, le *Tso
tchouan* se sert du terme 簡, et non du mot 策 ; ce qui
confirme la théorie de *Kia Kong-yen* et de *K'ong Ying-ta*.

Cette théorie est séduisante par sa simplicité ; elle

est cependant contredite par certains textes du *Tso tchouan* qui emploient le mot 策 pour désigner une fiche isolée. En 632 avant J.-C. (28ᵉ année du duc *Hi*), le roi de la dynastie *Tcheou* conféra par écrit 策 命 au marquis de *Tsin*, le titre de chef des seigneurs; le texte de ce document comprend seize mots; il devait donc être tout entier écrit sur une seule fiche et c'est cette fiche isolée que vise le *Tso tchouan* quand il dit que le marquis « accepta la fiche, puis se retira » (n° XLV) 受 策 以 出 . De même, en 614 avant J.-C. (13ᵉ année du duc *Wen*), il est question d'une fiche que *Jao Tchao* remet à *Che Houei* pour lui communiquer un message qui tient en douze mots; ici encore cette fiche unique est désignée par le caractère 策[1] : (n° XLVI) 繞 朝 贈 之 以 策 曰 。 *Jao Tchao* lui remit une fiche ainsi conçue : ... » Enfin, dans un texte fameux, Mencius dit (vii, *b.* 3) : « Mieux vaudrait ne pas avoir le *Chou* (*king*) que d'ajouter foi à tout ce qui s'y trouve; pour moi, dans le (chapitre du *Chou king* intitulé) *Wou tch'eng*, je n'accepte que deux au trois courts passages » (n° XLVII) 孟 子 曰 。 盡 信 書 。 則 不 如 無 書 。 吾 於 武 成 取 二 三 策 而 已 矣 。 Ici, le mot 策 signifie « un court passage » parce qu'il désigne la ligne d'écriture qui se trouve sur une seule fiche. Ainsi, la distinction absolue qu'on a voulu établir entre le 簡 qui serait une fiche unique

---

[1] Ne pas traduire, comme le fait Legge (*Chinese Classics*, vol. V, p. 264, *a*) : «Jaou Chaou presented to him a whip, saying : ...» — *Yen Jo-kiu* (*SHTKK*, chap. xxxv, p. 38 r°) comprend bien qu'il s'agit ici d'une fiche écrite.

et le 策 qui serait une série de fiches paraît arbitraire, car le mot 策 peut aussi bien désigner **une**
fiche unique qu'un ensemble de fiches[1].

Chaque fiche ne contenant qu'une seule ligne
d'écriture, il en fallait un nombre considérable pour
constituer un livre. A moins donc que le livre ne fût
fort court, il était nécessaire de faire, dans un même
ouvrage, plusieurs liasses distinctes qu'on appelait des
pien 篇 parce qu'elles formaient un faisceau réuni 編;
comme la répartition des fiches en liasses se confor-
mait autant que possible aux divisions naturelles des
livres, le mot *pien* 篇 a pris le sens de « chapitre »[2].

Avec quoi attachait-on les fiches pour former des
liasses? Avec de la soie, avons-nous vu lorsqu'il s'est
agi des fiches trouvées dans la tombe de *Ki* (n° XIX)
et de celles qui furent découvertes dans une sépulture à *Siang-yang* (n° XX). Mais on se servait aussi
pour le même objet de fines lanières de cuir et
c'est ce qui explique la phrase où *Sseu-ma Ts'ien*
(chap. XLVII, p. 10 r°) dit que, lorsque Confucius
étudiait le *Yi king*, il lut et relut si souvent le livre
que les lanières de cuir se rompirent à trois reprises
(n° XLXI) 讀易韋編三絕。

---

[1] C'est la conclusion à laquelle arrive *Yen Jo-kiu* (*S H T K K*,
chap. XXXV, p. 38 r°).

[2] Cf. *Lieou Pao-nan* (*S H T K K*, chap. MLI, p. 1 r°) : «Les
anciens écrivaient avec du vernis sur des fiches en bambou; quand
il y avait un nombre approximativement suffisant (de ces fiches)
pour former un chapitre, on en faisait une liasse distincte qu'on
liait avec du cuir» (n° XLVIII) 古人以漆書竹簡。約當
一篇即為編列。以韋束之。

Il semble bien que les deux caractères 弟 « frère cadet », et 第 « ordre, rang » aient tous deux représenté primitivement des fiches à écrire autour desquelles s'enroulait une lanière. En effet, au mot 弟, le *Chouo wen* (radical 202) dit : (n° L) 韋束之次弟也 « L'ordre établi par le lien de cuir, c'est (ce qu'on appelle) *ti* 弟. » D'autre part, *K'ong Ying-Ta* (574-648), dans son commentaire du *Che king*[1], cite un passage, aujourd'hui perdu, du *Chouo wen*, où il était dit : (n° LI) 第次也。字從竹弟。« Le mot *ti* 第 signifie « ordre de succession »; ce caractère est formé de 竹 et de 弟[2]. » Cette double définition justifie la conclusion d'un critique moderne, *Licou Pao-nan* 劉寶楠 (mort en 1855) : « D'après la forme des caractères antiques, il est à supposer que 弟 était un mot désignant l'ordre de succession établi par les liens de cuir, tandis que le caractère 第 était un mot désignant les fiches de bambou » (n° LII) 從古字之象。疑弟指韋束之次言。第則指竹簡言。 En d'autres termes, les caractères 第 et 弟 ont primitivement un sens identique; ils représentent les fiches entourées d'un lien, et le caractère 第 ne se distingue du caractère 弟 qu'en ce qu'il indique expressément que les fiches étaient en

---

[1] *Song pen che san king tchou sou*, *Che king*, chap. I, p. 1 r°, col. 10.

[2] Dans la citation que fait *Licou Pao-nan* (*S H T K K*, chap. MLI, p. 1 r°) de ce passage de *K'ong Ying-ta*, il écrit le mot 弟 sans les deux traits du haut, ce qui rend l'étymologie du mot 第 encore plus rigoureuse. Cependant on peut admettre aussi la leçon 弟 et dire que 第 est formé de 竹 et de 弟 abrégé.

bambou; l'image des fiches entourées d'un lien était un symbole destiné à exprimer l'idée d'« ordre de succession »; c'est ce sens qui est resté attribué au caractère 第, tandis que le caractère 弟 a pris le sens plus spécial de « frère cadet », sens qui n'est d'ailleurs qu'une application particulière de l'idée d'« ordre de succession ».

Des livres écrits sur des fiches de bambou, reliées entre elles avec du cuir ou de la soie, étaient exposés à des causes nombreuses de destruction; les insectes rongent le bois et l'humidité le pourrit; aussi les fiches de l'antiquité ont-elles presque toutes dis paru; parmi celles qui nous sont parvenues, il faut citer celles que les sables du Turkestan oriental ont préservées depuis la fin du troisième siècle de notre ère jusqu'à l'époque toute récente où elles furent exhumées, les unes par M. A. Stein[1], les autres par Sven Hedin[2].

D'autre part, les fiches étant fort étroites, il devait arriver aisément que quelqu'une d'entre elles s'égarât; c'est ainsi, comme le *Ts'ien Han chou* nous l'a appris (n° XL), que le texte moderne du *Chou king* avait perdu une fiche d'un chapitre et deux fiches d'un autre. A supposer même que les fiches fussent au complet, si le lien qui en maintenait le classement s'était rompu et si elles étaient pêle-mêle,

---

[1] Cf. M. A. STEIN, *Archaeological exploration in Chinese Turkestan*, planche VI, et *Sand-buried ruins of Khotan*, p. 404-405.

[2] Cf. Karl HIMLY, *Sven Hedins Ausgrabungen am alten Lop-nor* (Petermann's Mittheilungen, vol. XLVIII, 1902, p. 288-290).

c'était une tâche laborieuse et difficile que d'en rétablir l'ordre, vu la brièveté de la portion de texte que
contenait chaque fiche. Dans les questions de critique de texte qui peuvent être soulevées à propos
des livres anciens, la possibilité d'une interversion
des fiches ne doit jamais être perdue de vue. Pour
ne citer qu'un exemple, *Sseu-ma Ts'ien* (chap. XLVII,
p. 10 r°), *Mo tseu,* le *Han che wai tchouan* et le
Chouo wen citent tous, en les faisant se suivre
immédiatement, les deux phrases parallèles 割 不
正 不 食。席 不 正 不 坐。« Quand sa nourriture
n'était pas coupée régulièrement, il ne mangeait
pas; quand sa natte n'était pas disposée régulièrement, il ne s'asseyait pas. » Dans le *Louen yu* actuel
(x, 8 et 9), ces deux phrases sont séparées l'une de
l'autre par 70 mots. Un critique moderne, *P'an
Wei-tch'eng* 潘 維 城, conjecture avec raison qu'il
a dû y avoir quelque interversion entre les fiches
du *Louen yu* 疑 錯 簡 也 (*SHTKK,* chap. 918,
p. 32 r°).

Un autre inconvénient des livres écrits sur fiches
de bambou était leur pesanteur; le *Heou Han chou*
nous l'a déjà fait remarquer en parlant de l'invention
du papier par *Ts'ai Louen* (n° I). A ce propos, un
détail signalé par *Sseu-ma Ts'ien* (chap. VI, p. 11 r°)
est significatif; en 212 avant J.-C., deux hommes,
énumèrant leurs griefs contre l'empereur *Ts'in Che-
houang-ti,* disent qu'il pousse l'amour du pouvoir
personnel jusqu'à s'être fixé comme tâche journa-
lière d'examiner lui-même un *che* (c'est-à-dire un

poids de cent-vingt livres) d'écrits (n° LIII) 上 至 以 衡 石 量 書。 C'est parce que ces écrits étaient rédigés sur des fiches de bambou qu'ils étaient si lourds.

§ 4. Les contrats à coches.

Comment écrivait-on sur les fiches de bambou et sur les tablettes de bois? Avant de répondre à cette question, il est nécessaire de distinguer nettement l'écriture proprement dite de certains autres modes de notation, plus rudimentaires et plus anciens.

L'appendice *Hi ts'eu* 繫 辭 du *Yi king* 易 經 dit : « Dans la haute antiquité, le gouvernement se faisait au moyen de cordes nouées; les générations postérieures substituèrent (à ces cordes nouées) les contrats écrits[1] » (n° LIV) 上 古 結 繩 而 治。後 世 易 之 以 書 契。 La Grande préface 大 序 du *Chou king* 書 經 attribue cette innovation au mythique souverain *Fou-hi* 伏 犧 qui « inventa les contrats écrits pour remplacer les cordes nouées dont on se servait pour gouverner[2] » (n° LV) 造 書 契 以 代 結 繩 之 政。 A vrai dire, aucun de ces deux témoignages n'est bien daté, car il est fort improbable que Confucius (551-479 av. J.-C.) soit l'auteur du *Hi ts'eu* et que *K'ong Ngan-kouo* 孔 安 國 († 92 av. J.-C.) ait écrit la Grande préface; on peut dire seulement que la Grande préface existait au commencement du

---

[1] Cf. Legge, *S B E*, vol. XVI, p. 385.

[2] Voir la première ligne de la Grande préface, en tête des éditions du *Chou king*.

quatrième siècle de notre ère et que le *Hi ts'eu* était considéré par *Sseu–ma Ts'ien* (chap. xlvii, p. 10 r°) vers l'an 100 avant notre ère comme un ouvrage déjà vieux de quatre cents ans [1]. Rien cependant ne saurait nous faire douter de l'authenticité de la tradition relative aux cordes nouées; comme on l'a remarqué depuis longtemps, ce mode de notation est identique à celui qui fut pratiqué par les Péruviens dont les *quippos* sont bien connus [2]. Le dire du *Hi ts'eu* et de la Grande préface est d'ailleurs confirmé par un passage du *Tao tö king* 道 德 經 (§ 80) où *Lao tseu* 老 子, l'auteur présumé de ce livre, exprime le désir de « faire revenir le peuple à l'usage des cordes nouées » (n° LVI) 使 民 復 結 繩 而 用 之。 Dans le sud de la Chine, chez certaines tribus aborigènes, l'emploi des cordes nouées se perpétua jusqu'au douzième siècle de notre ère : *Tchou Hi* 朱 熹 (1130-1200) nous apprend que « pour ce qui est des cordes nouées, les diverses tribus barbares *K'i-long* ont encore aujourd'hui cet usage; il en est aussi qui font des entailles sur des planchettes; tout ce qui concerne les dates en années, mois et jours, ainsi que les quantités numériques d'hommes, de chevaux, de grains et de fourrage, on le note entièrement par des entailles sur des planchettes et il n'y a

---

[1] La substitution des contrats écrits aux cordes nouées est aussi mentionnée dans une dissertation de *Wei Heng* 衛 恆 († 291 après J.-C.), dissertation qui nous a été conservée par le *Tsin chou* (chap. xxxvi, p. 3 v°).

[2] Cf. Berger, *Histoire de l'écriture dans l'antiquité*, p. 5-7.

absolument aucune confusion[1] » (n° LVII) 結 繩 今 溪 洞 諸 蠻 猶 有 此 俗。又 有 刻 板 者。凡 年 月 日 時 以 至 人 馬 糧 草 之 數 皆 刻 板 爲 記。都 不 相 亂。 Les barbares *K'i-tong* 溪 同 occupaient le territoire des préfectures actuelles de *Tch'en-tcheou* 辰 州, *Yuan-tcheou* 沅 州 et *Yong-chouen* 永 順, dans le nord-ouest de la province de *Hou-nan;* ils se soumirent à la dynastie *Song* 宋 vers l'an 960 de notre ère[2]. Le texte de *Tchou Hi* qui concerne ces peuplades est important parce qu'il éclaire au moyen de coutumes qu'on pouvait encore observer au douzième siècle une tradition que son antiquité rendait fort obscure. Il résulte avec évidence de ce passage que les deux systèmes de notation en vigueur chez les barbares *K'i-tong,* à savoir les cordes nouées et les morceaux de bois entaillés, servaient exclusivement aux comptes et ne constituaient donc pas à proprement parler une écriture; ils exprimaient simplement des quantités numériques de durée, d'êtres ou d'objets. On peut dès lors se demander si, dans le témoignage du *Hi ts'eu* et de la Grande préface où il est question des contrats écrits 書 契 qui se substituèrent aux cordes nouées, il n'y a pas eu omission d'un terme intermédiaire qui serait le contrat représenté, comme chez les barbares *K'i-tong,* par des coches faites sur un morceau de bois; en d'autres termes, il convient de rechercher si, anté-

---

[1] Ce texte est cité dans la section *Tseu hio tien* de l'encyclopédie *T'ou chou tsi tch'eng,* chap. VIII, p. 1 r°.

[2] Cf. *BEFEO,* t. III. p. 233, n. 2.

rieurement aux contrats écrits 書契, il n'y a pas eu des contrats non écrits 契.

L'étymologie même du caractère 契 nous révèle que les contrats primitifs étaient faits avec des morceaux de bois portant des coches. *Tchou Yun-ts'ien* 朱允倩, qui publia en 1833 son édition du « *Chouo wen* expliqué en détail et arrangé suivant l'ordre des rimes [1] » 說文通訓定聲, dit (chap. XIII, p. 18 r°) : Le signe 丰 représente « les lignes qu'on trace sur le bambou ou sur le bois en guise de notation; quand on grave les lignes, (ce signe) devient 㓞 (par l'adjonction du couteau 刀 à droite). Dans la haute antiquité, on n'avait pas encore les contrats écrits; on gravait des dents (ou coches) sur le bambou ou sur le bois pour rappeler les choses; (le trait vertical) 丨 représente le bambou ou le bois; (les traits obliques) 彡 représentent les dents (ou coches) » (n° LVIII) 按介畫竹木爲識也。刻之爲㓞。上古未有書契。刻齒於竹木以記事。丨象竹木。彡象齒形。 Le caractère 契 fut formé par l'adjonction au caractère 㓞 du caractère 大 qui ici représente l'homme; le 契 était donc un contrat conclu entre des hommes 大 et constitué par des coches gravées sur un morceau de bois 丰 au moyen d'un couteau 刀.

Un synonyme du caractère 契 est le caractère 券, formé aussi avec le couteau 刀; mais il com-

---

[1] Dans le volume XII de la *China Review* (p. 63-76), J. H. Stewart-Lockhart a publié un index fort utile de l'ouvrage de *Tchou Yun-ts'ien* en disposant les caractères de ce dictionnaire suivant l'ordre des 214 clefs.

porte une partie supérieure qui joue un rôle phoné-
tique. Dans les textes qui vont suivre, nous trouve-
rons employés indifféremment tantôt le caractère
契, tantôt le caractère 劵, qui peuvent d'ailleurs
être réunis pour former l'expression 劵契 désignant
elle aussi un contrat.

Même après que l'écriture fut devenue depuis
longtemps usuelle, on conserva les contrats à coches
pour certaines transactions simples. *Kouan tseu* 管
子, parlant au duc *Houan* 桓 (685-643 avant J.-C.),
de *Ts'i*, lui disait[1] : « Parmi vos grands officiers, il
en est qui possèdent des céréales des cinq sortes, des
haricots et du millet et qui n'osent en disposer d'une
manière ou d'une autre; je demande qu'on leur
prenne cela à un prix équitable; de concert avec
eux, *vous déterminerez les dents des contrats* et les
nombres des mesures de grain, de manière à ce
qu'il ne puisse y avoir aucun excès et aucune obscu-
rité » (n° LIX) 子大夫有五穀菽粟者。勿敢左
右。請以平買取之。子與之定其劵契之齒釜
鏂[2]之數。不得爲侈拿焉。 De même on lit dans
Lie tseu 列子 (chap. viii, p. 15 r°-v°) : « Un homme
de *Song* qui se promenait sur la route trouva un
contrat abandonné par quelqu'un; il rentra chez lui

---

[1] *Kouan tseu*, chap. xxiii, p. 15 r°. On sait que le livre qui
porte le nom de *Kouan tseu* est certainement bien postérieur à
l'époque où vivait cet homme d'État.

[2] Le *Tso tchouan* (3° année du duc *Tchao*) nous apprend que,
dans le pays de *Ts'i*, on se servait de quatre anciennes mesures de
capacité qui étaient le 豆, le 區, le 釜 et le 鍾. C'est le mot 區
qui est ici écrit 鏂.

et le cacha; *il en compta secrètement les dents* et dit à
ses voisins : « Je serai bientôt riche » (n° LX) 宋 人
有 游 於 道。得 人 遺 契 者。歸 而 藏 之。密 數 其
齒。告 鄰 人 曰。吾 富 可 待 矣。

Tout contrat suppose deux parties en présence; aussi le 契 et le 券 étaient-ils divisés en deux moitiés, chacune des deux parties contractantes gardant par devers elle une de ces moitiés. Celui qui donnait, le créancier, avait la moitié de gauche, celui qui recevait, le débiteur, avait la moitié de droite. Dans le *Tao tö king* 道 德 經 (§ 79), le sage qui distribue libéralement ses bienfaits aux hommes sans rien leur demander en retour, est comparé à un créancier qui « tient la moitié de gauche du contrat et qui ne réclame rien aux autres »[1] (n° LXI) 是 以 聖 人 執 左 契 而 不 責 於 人。La même métaphore se retrouve dans un discours de l'époque des royaumes combattants rapporté par *Sseu-ma Ts'ien* (chap. XLVI, p. 6 v°) à l'année 312 av. J.-C.[2]; le royaume de *Ts'i* rendant service à *Ts'in* et à *Han* grâce à une combinaison machiavélique, *Sou Tai* 蘇 代 dit au conseiller de *Ts'i*, *T'ien Tchen* 田 軫 : « Vous tiendrez toujours la moitié de gauche du contrat au moyen de laquelle vous adresserez des réclamations à *Ts'in* et à *Han* » (n° LXII) 公 常 執 左

---

[1] Les explications que Stanislas Julien donne au sujet de ce texte (*Le livre de la voie et de la vertu*, p. 290-291) sont très exactes.

[2] Les commentaires de *Sseu-ma Tcheng* et de *Tchang Cheou-Tsie* sont ici fort embrouillés et ne peuvent qu'obscurcir le texte qui est parfaitement clair par lui-même.

券以責於秦韓。Le *Li ki* (chap. *K'iu li*, 1re par-tie, article 4, § 8) dit que « celui qui offre du grain non décortiqué tient en main la partie droite du contrat » 獻粟者執右契。Ce dernier texte paraît au premier abord en contradiction avec les deux précédents; il n'en est rien cependant, car celui qui offre du grain ne tient la partie droite du contrat que pour la remettre à celui qui va recevoir ce grain, tandis que lui-même gardera la partie de gauche[1].

Quand on invoquait le contrat pour faire foi, on rapprochait l'une de l'autre les deux moitiés du contrat et on vérifiait si les coches de l'une coïnci-daient exactement avec les coches de l'autre. Cet instrument primitif des contrats était donc de tous points semblable à la taille des boulangers, des bou-chers et des marchands de vin que le Dictionnaire de l'Académie française définit de la manière sui-vante : « Un petit bâton fendu en deux parties égales, sur lesquelles le vendeur et l'acheteur font des coches, c'est-à-dire de petites entailles, pour mar-quer les quantités de pain, de viande, de vin, etc., que l'un fournit à l'autre. »

Pour annuler une dette, le créancier n'avait qu'à briser le morceau de bois qui lui appartenait : c'était ce qu'on appelle briser le contrat 折券。On raconte

---

[1] Le P. Couvreur (*Li Ki*, t. I, p. 42) traduit donc correcte-ment : « Quand on offre du grain qui est encore dans sa balle, (on va à la salle) en tenant à la main la partie droite du billet et on la présente. » Cependant le mot « billet », qui suppose l'existence du papier, est un anachronisme.

au sujet du fondateur de la dynastie des *Han* occidentaux, que deux marchandes lui livraient du vin à crédit lorsqu'il n'était encore qu'un fort mince personnage; ayant vu les prodiges qui présageaient la grandeur du futur *Kan Hao-tsou*, « à la fin de l'année, ces deux femmes brisèrent toujours leur compte et renoncèrent à leur créance » (n° LXIII) 歲竟此兩家常折券棄責 (*Sseu-ma Ts'ien*, chap. VIII, p. 1 v°). Le livre attribué à *Kouan tseu* 管子 (chap. XXII, p. 13 r°) expose un système de prêts aux artisans qui fabriquent les vêtements du duc : quand les vêtements du duc sont terminés et ont été livrés, on brise la créance qui attestait le prêt 折券.

Il est manifeste que les contrats qu'on peut faire en se servant de la taille des boulangers sont de nature très simple. Dès que l'objet de la convention offre quelque complexité et ne porte plus sur des unités rigoureusement homogènes, il faut avoir recours à l'écriture. C'est ce qui arriva pour les 契 et les 券 qui devinrent les 券書 et les 書契 lorsqu'on y introduisit l'écriture. Ces deux termes désignant des contrats écrits apparaissent très fréquemment dans la littérature; nous nous bornerons à donner un exemple de chacun d'eux. D'après le *Tcheou li* (article *Siao tsai* 小宰; trad. Biot, t. I, p. 52), « on statue sur (les contestations relatives à) ce qui a été reçu et donné au moyen des contrats écrits » (n° LXIV) 聽取予以書契。 *Sseu-ma Ts'ien* (chap. LXXV, p. 4 r°), racontant l'histoire des débiteurs du prince de *Mong-tch'ang* 孟嘗君, dit que « ceux qui pouvaient payer les intérêts vinrent tous; ceux qui ne pouvaient pas payer les intérêts vinrent aussi; tous avaient pris les contrats écrits attestant leurs emprunts d'argent afin de les confronter » (n° LXV) 能 與 息 者 皆 來。不 能 與 息 者 亦 來。皆 持 取 錢 之 劵 書 合 之。

Ce dernier texte prouve que les contrats, même après qu'ils furent écrits, continuèrent à être formés de deux parties qu'on pouvait confronter pour faire la preuve. En effet, dans les contrats écrits on conserva les coches des contrats non écrits; à vrai dire elles ne servaient plus à stipuler les objets de la transaction, puisque ces objets étaient déterminés par écrit; mais elles étaient un moyen de contrôler que les deux moitiés du contrat se rapportaient exactement l'une à l'autre, comme un chèque à son talon. Dans le *Tso tchouan* (10° année du duc *Siang* = 563 avant J.-C.), il est question d'une contestation qui s'éleva entre deux personnages appelés *Wang-chou* et *Po Yu* au sujet d'une ancienne convention qui, n'étant pas un simple compte numérique, devait nécessairement être écrite; pour trancher le débat, « on invita *Wang-chou* et *Po Yu* à confronter leurs pactes, mais *Wang-chou* ne put pas présenter son contrat » (n° LXVI) 使 王 叔 氏 與 伯 與 合 要。王 叔 氏 不 能 舉 其 契。

Nous comprenons dès lors la définition que le *Chouo wen* (radical 137, avant-dernier mot) donne du caractère 劵 : « Les écrits servant de contrats et divisés en deux parties, on y faisait des entailles sur le côté au moyen d'un couteau; c'est pourquoi on dit *chou k'i* » (n° LXVII) 劵 別 之 書 以 刀 判 契 其 旁。故 曰 書 契。En d'autres termes, l'expression 書 契 se justifie par le fait que les contrats écrits comportaient, d'une part, un texte écrit 書, et, d'autre part, des entailles faites sur le côté des deux morceaux de bois 契 qui recevaient l'écriture. *Touan Yu-ts'ai* 段 玉 裁 (1735-1815), dans son édition du *Chouo wen* (chap. IV, p. 50 v°), commente cette définition en disant : « Les tablettes écrites dont chacune des deux parties contractantes possédait une, on y faisait des entailles sur le côté, afin qu'en rapprochant les deux pièces on pût faire foi » (n° LXVIII) 兩 家 各 一 之 書 牘。分 刻 其 旁。使 可 兩 合 以 爲 信。*Tcheng Hiuan* 鄭 玄 (127-200), dans son commentaire au *Tcheou li* (*Che san king tchou sou*, *Tcheou li*, chap. XV, p. 12 v°; article *tche jen* 質 人), avait déjà expliqué l'expression 書 契 de la manière suivante : « La forme de ces contrats était telle : on écrivait sur deux fiches et on faisait des entailles sur le côté de ces fiches » (n° LXIX) 其 劵 之 象 書 兩 札 刻 其 側。*Kia Kong-yen* 賈 公 彥 (vers 650) ajoute ici la glose : « Les entailles faites sur le côté de ces fiches, c'est comme aujourd'hui les empreintes du doigt » (n° LXX) 刻 其 側 若 今 畫 指 也。On sait que les empreintes de doigt, dont notre service anthropométrique fait usage depuis peu, sont utilisées depuis fort longtemps en Chine comme un principe d'identification certain, car les lignes de la peau à l'extrémité des doigts sont différentes chez chaque personne; dire que les entailles faites sur le côté des fiches sont comparables aux empreintes de doigt, c'est dire qu'elles étaient, comme les empreintes de doigt, un moyen de vérification.

En conclusion donc, dans les contrats appelés 書契, le couteau servait à inciser des marques distinctives en forme d'entailles sur le côté des deux morceaux de bois du contrat; ces entailles étaient une réminiscence des anciennes coches qui constituaient autrefois le contrat lui-même. Mais rien n'indique que, dans les contrats écrits, le couteau ait servi à tracer les caractères qui énonçaient les stipulations de la convention. L'écriture et les entailles sont deux choses nettement distinctes. On comprend cependant que, lorsque l'usage d'écrire sur bois eut été entièrement abandonné, et lorsqu'on n'eut plus que des notions assez vagues sur la manière dont étaient faits les anciens contrats, le souvenir du rôle que jouait le couteau dans la confection des contrats en bois ait pu suggérer l'opinion inexacte qu'on employait le couteau pour graver les caractères de l'écriture. On fut d'ailleurs confirmé dans cette erreur par une glose du commentateur *Tcheng Hiuan* 鄭玄 (127-200), qu'on interpréta mal; c'est ce que nous allons maintenant établir.

§ 5. Le couteau des écrivains.

Dans le *Tcheou li* (édition du *Che san king tchou sou*, chap. xl, p. 9 v°; section *K'ao kong ki*; trad. Biot, t. II, p. 492), il est question du fonctionnaire appelé « le *tchou-che* qui fabrique les (couteaux appelés) *siao;* ceux-ci sont longs de un pied et larges de un pouce; en en réunissant six on forme un cercle » (n° LXXI) 築 氏 爲 削。長 尺。博 寸。合 六 而 成 規。 Ces couteaux avaient une forme recourbée, de sorte que si l'on en mettait six bout à bout, ils décrivaient une circonférence complète. *Tcheng Hiuan* 鄭 玄 (127-200) explique le mot 削 en disant : « C'est aujourd'hui le couteau pour les écrits » (n° LXXII) 今 之 書 刀 也。 *Tcheng Hiuan* n'a pas jugé nécessaire de préciser sa définition, puisqu'il assimilait le *siao* 削 à un instrument qui était encore en usage de son temps et que tout le monde devait connaître. Mais, quelque cinq cents ans plus tard, quand le couteau pour les livres eut depuis longtemps cessé d'exister parce qu'on n'écrivait plus sur des fiches de bois, l'explication de *Tcheng Hiuan* n'offrit plus une image claire à l'esprit et on en donna une interprétation arbitraire que nous trouvons pour la première fois chez *Kia Kong-yen* 賈 公 彥 (vers 650 après J.-C.) : « Voici ce que signifie la parole de *Tcheng* (*Hiuan*) : « C'est aujourd'hui le couteau pour les écrits ». A l'époque des *Han*, *Ts'ai Louen* inventa le papier et *Mong T'ien* inventa le pinceau[1]. Dans l'antiquité, comme on n'avait alors ni le papier ni le pinceau, on se servait du (couteau appelé) *siao* pour graver les caractères; puis, au temps des *Han*, quoiqu'on connût le papier et le pinceau, on avait encore

---

[1] Il y a d'ailleurs ici une inexactitude, car *Mong T'ien* vivait à l'époque de *Ts'in Che-houang-ti.*

les couteaux à écrire; c'était un usage légué par l'antiquité » (n° LXXIII) 鄭云今之書刀者。漢時蔡倫造紙蒙恬造筆。古者未有紙筆。則以削刻字。至漢雖有紙筆。仍有書刀。是古之遺法也。Ainsi *Kia Kong-yen* attribue à l'expression 書刀 « couteau pour les écrits » le sens plus précis de « couteau à écrire ». Un célèbre lettré de l'époque des *Song*, *Wang Ying-lin* 王應麟 (1223-1296) énonce la même thèse dans son *K'ouen hio ki wen* 困學紀聞 (chap. IV, p. 23 v° de la petite édition lithographique publiée à *Chang-hai* en 1889) : « Dans l'antiquité on n'avait pas encore le pinceau. On se servait du couteau à écrire pour graver les caractères sur les planchettes et sur les fiches; cet instrument était ce qu'on appelait le *siao*. Le pays de *Lou* étant celui où furent rédigés le *Che* (*king*) et le *Chou* (*king*), c'est pour cette raison que le *K'ao kong ki* déclare excellents les *siao* de *Lou*[1] » (n° LXXIV) 古未有筆。以書刀刻字於方策。謂之削。魯爲詩書之國。故考工記以魯之削爲良。

La théorie que nous venons de voir soutenue par *Kia Kong-yen* et par *Wang Ying-lin* a si bien pris droit de cité en Chine que l'expression 削牘 a le sens de « écrire une lettre », ainsi qu'on peut le voir dans une missive du célèbre épistolier *Wang Tao-kouen* 汪道昆 (docteur en 1547)[2].

---

[1] Allusion à un passage du *K'ao kong ki*, où il est dit que les meilleurs *siao* proviennent du pays de *Lou* (*Song pen che san king tchou sou fou kiao k'an ki, Tcheou li*, chap. XXXIX, p. 2 r°; trad. Biot, t. II, p. 460.

[2] Voir cette missive dans le *Cursus litteraturae sinicae*, vol. IV,

Cependant, comme nous allons le constater par d'autres témoignages, le couteau appelé *siao* 削 servait en réalité à effacer les caractères fautifs. Pour concilier les deux manières de voir, certains érudits chinois ont supposé que ce couteau était conformé de façon à tenir lieu de grattoir pour effacer si on employait le tranchant, et en même temps de poinçon pour graver si on employait la pointe; telle est l'opinion qui a été adoptée par Biot (voir la planche à la fin du deuxième volume de sa traduction du *Tcheou li*) et par le P. Couvreur (*Dictionnaire chinois-français*, au mot 削). Nous croyons pouvoir prouver au contraire que le couteau servait uniquement à effacer, et que l'instrument qui servait à écrire était en réalité le *pi* 筆, lequel n'est pas nécessairement dès l'origine identique au pinceau de nos jours.

Wong Yuan-k'i 翁元圻 qui, à l'âge de soixante-quinze ans, publia en 1825 une édition du *K'ouen hio ki wen* en y joignant un commentaire, a rappelé, à propos du passage de ce livre cité plus haut (n° LXXIV), une remarque de son ami *Wang Hiu* 王煦, qui condamne la thèse soutenue par *Wang Ying-lin* : « Les anciens se servaient pour écrire du *pi* qu'ils trempaient dans le vernis; quand ils avaient fait une erreur, ils se servaient du couteau pour l'enlever en

---

p. 515, du P. Zottoli; dans les Prolégomènes de ce même volume (p. xvii, n° 50), le P. Zottoli dit que *Wang Tao-kouen* fut reçu docteur en la même année que *Wang Che-tcheng* 王世貞 ; or *Wang Che-tcheng* obtint ce titre en 1547 (*Ming che*, chap. cclxxxvii, p. 8 v°).

la grattant; mais ce n'est pas à dire que le *pi* fût la même chose que le *siao* » (n° LXXV) 古 人 以 筆 點 泰 而 書。誤 則 以 刀 削 去 之。非 謂 筆 卽 削 也。 On peut en effet confirmer par divers textes cette valeur propre du mot 削 qui signifie « le couteau à effacer », et par suite « effacer » : dans le *Tso tchouan* (27° année du duc *Siang* = 546 avant J.-C.), il est question d'une donation de soixante villes qui fut faite par le duc de *Song* 宋 à un certain *Hiang Siu* 向 戌 ; celui-ci montra l'acte de donation à *Tseu-han* 子 牟 qui, trouvant cette récompense imméritée, « effaça l'acte en le grattant et le jeta loin »[1] (n° LXXVI) 削 而 投 之。 *Sseu-ma Ts'ien* (chap. XLVII, p. 11 v°), parlant de la manière parfaite dont Confucius composa le *Tch'ouen ts'ieou*, dit : « Ce qui était à écrire, il l'écrivit; ce qui était à effacer, il l'effaça » (n° LXXVII) 筆 則 筆。削 則 削。 Cette phrase se retrouve sous la forme 削 則 削。筆 則 筆。 dans le chapitre *Li yo tche* du *Ts'ien Han chou* (chap. XXII, p. 3 r°); le commentateur *Yen Che-kou* 顏 師 古 (579-645) en donne l'explication suivante : « Le mot *siao* signifie que lorsqu'il y avait quelque chose à supprimer en le grattant, on se servait du couteau pour gratter les fiches en bambou ou les planchettes en bois; le mot *pi* signifie que lorsqu'il y avait un passage à ajouter,

---

[1] LEGGE (*Chinese Classics*, vol. V, p. 534 *b*) traduit : « With this he cut (to pieces the document) and cast it away. » Mais *Wong Yuan-k'i* (commentaire du *K'ouen hio ki wen*, chap. IV, p. 23 v°) cite ce texte du *Tso tchouan* comme une preuve que le mot 削 a le sens de « effacer en grattant ».

on se servait du *pi* pour l'y mettre en l'écrivant »
(n° LXXVIII) 削 者 謂 有 所 刪 去 以 刀 削 簡 牘 也。
筆 者 謂 有 所 增 益 以 筆 就 而 書 也。 On remar-
quera d'ailleurs que le caractère 刪 dont se sert *Yen
Che-kou* pour gloser le mot 削 est un caractère pure-
ment figuratif qui représente une liasse de fiches 冊 et
le couteau 刀 ; ce caractère a donc le sens d'« effacer »,
puisque le couteau n'avait d'autre rôle que de gratter
les mots fautifs sur les fiches en bois.

Nous avons vu plus haut (texte n° XXXIII) que, en
121 après J.-C., un certain *Tcheou P'an* demandait
qu'on plaçât devant son cercueil un couteau et un
pi 刀 筆 各 一. Ces deux instruments étaient en effet
indispensables à toute personne qui voulait écrire.
Ceci nous révèle l'origine de l'expression 刀 筆 吏
« l'officier du couteau et du *pi* », qui, à l'époque des
Han, désigne un scribe. Dans la biographie de *Siao Ho*
蕭 何 († 193 avant J.-C.), *Sseu-ma Ts'ien* (chap. LIII,
p. 3 r°) dit : « Le conseiller d'état *Siao Ho* avait été au
temps des *Ts'in* un simple scribe » (n° LXXIX) 蕭 相
國 何 於 秦 時 爲 刀 筆 吏。 De même en 115 avant
J.-C., le *yu-che-ta-fou Tchang T'ang* 張 湯, au moment de se suicider, laisse une lettre adressée à
l'empereur et commençant par ces mots : « Moi,
T'ang, je n'avais pas le moindre mérite; je sortais du
rang des scribes » (n° LXXX) 湯 無 尺 寸 之 功。
起 刀 筆 吏。 (*Sseu-ma Ts'ien*, chap. CXXII, p. 5 r°).
Nous lisons dans une requête de *Kia Yi* 買 誼
(193-161 avant J.-C.) à l'empereur (*Ts'ien Han chou*,
chap. XLVIII, p. 7 v°) : « Ce à quoi les officiers ordi-

naires attachent de l'importance, ce sont les couteaux et les *pi*, les étuis et les boîtes » (n° LXXXI) 俗吏之所務在於刀筆筐篋。 « Les couteaux, dit le commentaire de *Yen Che-kou* (579-645), sont ce qui sert à gratter les fiches écrites ; les étuis et les boîtes étaient ce dans quoi on plaçait les écrits[1] »

---

[1] Ces boîtes étaient indispensables pour garder les fiches. Cf. *Ts'ien Han chou* (chap. LIX, p. 3 v°) : dans les dernières années du règne de l'empereur *Wou* (140-87 avant J.-C.), « on égara trois boîtes d'écrits » 亡書三篋 ; un certain *Tchang Ngan-che* 張安世, fils du célèbre *Tchang T'ang* 張湯, put reconstituer de mémoire tous les documents, et, quand on retrouva les originaux, on constata qu'il n'avait commis aucune erreur. — Dans le *Heou Han tchou* (chap. XLI, p. 5 v°), il est question d'un tirage au sort qui se fit de la manière suivante : sur une fiche on écrivit les mots « général en chef » qui en faisaient un insigne d'autorité ; puis, outre cette fiche, on en mit deux autres sur lesquelles il n'y avait rien d'écrit dans une boîte ; trois hommes furent alors invités à tirer chacun une de ces fiches, et celui qui prit la fiche portant la mention « général en chef » fut investi de l'autorité suprême. (N° LXXXIV) 乃書札爲符曰上將軍。又以兩空札置笥中。 (commentaire de l'année 676 : le mot 札 est l'équivalent du mot 簡 « fiche de bambou » ; le mot 笥 est l'équivalent du mot 篋 « boîte [pour les fiches] »). — Outre les boîtes, on se servait aussi de sacs pour mettre les fiches. L'encyclopédie *Yuan kien lei han* (chap. CCIX, p. 1 r°) cite à ce propos un texte qui provient, dit-elle, du *Han chou*, mais nous ne l'avons pas retrouvé dans le chapitre LIX du *Ts'ien Han chou* : « *Tchang Ngan-che*, portant le sac et ayant le *pi* passé dans les cheveux, servit l'empereur *Hiao-wou* pendant plusieurs dizaines d'années ; il se vit renommé pour son loyalisme et son zèle » (n° LXXXV) 漢書。張安世持橐簪筆事孝武帝數十年。見謂忠謹。 Commentaire : « Le sac est le sac pour les écrits ; les officiers attachés à la personne de l'empereur, portant sur le dos le sac (à fiches) et ayant le *pi* passé dans les cheveux, se tenaient à la suite du souverain, prêts et attentifs pour les cas où dans les interrogatoires il y avait

(n° LXXXII) 刀所以削書扎。筐篋所以盛書。
D'après le *Heou Han chou* (chap. XLI, p. 6 r°), lors
d'un banquet qui eut lieu en l'an 25 après J.-C., « du
milieu de l'assemblée un homme sortit un couteau
et un *pi* et se mit à écrire une adresse pour féliciter;
parmi les autres, ceux qui ne savaient pas écrire se
levèrent pour aller lui demander (de mettre leurs
noms sur l'adresse) » (n° LXXXIII) 其中一人出刀
筆書謁欲賀。其餘不知書者起往請之。 Le
commentaire du *Heou Han chou* publié en 676[1]
ajoute ici la glose suivante : « Quand les anciens
notaient quelque chose, ils l'écrivaient sur des fiches
en bambou; lorsqu'ils avaient commis une erreur,
ils se servaient du couteau pour la gratter et l'enlever;
c'est pourquoi on dit : le couteau et le *pi* »
(n° LXXXVII) 古者記事書於簡册。謬誤者以
刀削而除之。故曰刀筆。 Enfin, lorsque *Wang
Tch'ong* 王充 (27-97 ap. J.-C.) composait son grand
ouvrage intitulé le *Louen heng* 論衡, le *Heou Han
chou* (chap. LXXIX, p. 1 r°) nous apprend qu'« il avait
placé contre chaque porte, chaque fenêtre et chaque
muraille des couteaux et des *pi* »[2], pour être prêt à

quelque chose à noter par écrit » (n° LXXXVI) 櫝契櫝也。近
臣負櫝簪筆從備顧問或有所記。

[1] Cf. p. 28, n. 2.

[2] Le *Yuan kien lei han* (chap. CCIX, p. 1 r°) cite le *Heou Han
chou* 後漢書 de *Sie Tch'eng* 謝承 (ce dernier ayant été gouverneur de *Wou-ling* 武陵太守 à l'époque de la dynastie de
Wou 吳, 222-277 après J.-C.), où le même fait est rapporté d'une
manière un peu différente : « A l'intérieur de sa maison, *Wang
Tch'ong* avait disposé auprès de chaque porte grande ou petite,

noter le moindre fait dès qu'il se présentait à **son**
esprit (n° LXXXVIII) 戶牖牆壁各置刀筆。

§ 6. LE STYLE EN BOIS.

Puisque le couteau servait seulement à effacer et
puisque l'instrument avec lequel on écrivait sur bois
était le *pi* 筆, qu'était-ce au juste que le *pi*? Actuellement ce mot désigne le pinceau dont l'invention
est attribuée au fameux général *Mong T'ien* 蒙恬,
qui périt aussitôt après la mort de *Ts'in Che-houang-ti*
en 210 avant J.-C. A supposer que la paternité de
Mong T'ien ne soit pas incontestable, il n'en reste
pas moins vrai que la tradition paraît avoir raison
en reportant l'invention du pinceau au règne de
Ts'in Che-houang-ti. Mais, si le mot 筆, depuis
l'époque des *Ts'in* jusqu'à nos jours, s'est appliqué
exclusivement au pinceau, il semble bien qu'il ait
existé avant l'invention du pinceau et que, par conséquent, il ait à l'origine désigné un instrument tout
différent. On s'accorde en effet à considérer comme
antérieur à la dynastie *Ts'in* le chapitre *K'iu li* du *Li
ki* dans lequel nous relevons la phrase suivante (*Che
san king tchou sou*, *Li ki*, chap. III, p. 16 r°; tra-
duct. Couvreur, t. I, p. 54) : (Quand un prince se

de chaque mur et de chaque colonne des *pi* et des encriers, des
fiches et des tablettes, et dès qu'il voyait quelque chose il écrivait :
il composa ainsi le *Louen heng* en 85 chapitres» (n° LXXXIX) 王
充於宅內門戶牆柱各置筆硯簡牘。見事
而作。著論衡八十五篇。

déplace,) « le clerc emporte avec lui le *pi; ses subordonnés emportent (le texte des) paroles » (c'est-à-dire le texte des conventions jurées et autres documents officiels) (n° XC) 史 載 筆。士 載 言。 — Le dictionnaire *Eul ya* 爾 雅 (section 釋 器), dont la première rédaction est peut-être antérieure à Confucius (551-479 av. J.-C.), mentionne aussi le *pi* en disant : « Le *pou-lu*, c'est ce qu'on appelle le *pi* » (n° XCI) 不 律 謂 之 筆 . — Le *Tchan kouo ts'ö* 戰 國 策 (section de *Ts'i* 齊, vers la fin; chap. XIII, p. 4 v°, de l'édition lithographique de *Chang-hai*, 1896) raconte que, en 249 avant J.-C., au moment où la reine douairière de *Ts'i* allait mourir, son fils « prit un *pi* et une tablette pour recueillir ses paroles » (n° XCII) 取 筆 牘 受 言。 — Enfin le *Han che wai tchouan* 韓 詩 外 傳 de *Han Ying* 韓 嬰 (2ᵉ siècle av. J.-C.) nous parle (chap. VII, p. 5 v°) d'un certain *Tcheou Cho* 周 舍 qui était l'intègre conseiller de *Tchao Kien-tseu* 趙 簡 子 (†458 av. J.-C.) et qui ne lui ménageait pas les remontrances; il disait à son maître : « Avec mon *pi* trempé dans l'encre et ma tablette tenue en main, je surveillerai les fautes de Votre Seigneurie » (n° XCIII) 墨 筆 操 牘 從 君 之 過。

Ces quatre textes justifient la thèse de certains érudits chinois qui soutiennent que, antérieurement au pinceau, le *pi* 筆 était une sorte de style en bois dont on trempait la pointe dans le vernis ou dans l'encre pour écrire.

Voici quelques-uns des passages où est exposée cette thèse : Un auteur de l'époque des *Yuan, Wou-*

k'ieou Yen 吾邱衍, qui composa au xɪvᵉ siècle un
ouvrage intitulé *Hio kou pien* 學古編, dit : « Les
caractères *k'o-teou* (têtards) sont les ancêtres des caractères; ils ressemblent à la forme des petits de
grenouilles; dans la haute antiquité, on n'avait ni
pinceau ni encre; on se servait d'une baguette de
bambou qu'on trempait dans le vernis pour écrire
sur le bambou. Le bambou était dur et le vernis était
épais; le tracé (des caractères) ne pouvait se bien
faire; c'est pourquoi (les traits) avaient la tête grosse
et la queue fine, ce qui leur donnait cette apparence
(de têtards) » (nᵒ XCIV) 科斗書乃字之祖。像蝦
蟆子形。上古無筆墨。以竹挺點漆書竹上。
竹硬漆膩。畫不能行。故頭粗尾細。似其形
耳。 — Dans l'édition du *Tcheou li* publiée sous le
titre de *K'in ting tcheou kouan yi sou* 欽定周官義
疏 avec une préface de l'empereur *K'ien long* datée
de l'année 1748, les décisions (案) des éditeurs présentent la glose suivante (chap. xʟɪ, p. 3 rᵒ, à propos
de la phrase 築氏爲削; cf. plus haut, texte
nᵒ LXXI) : « Le *K'iu li* dit : Le clerc emporte avec lui
le *pi*. Le *Eul ya* dit : Le *pou-lu* est ce qu'on appelle le
pi. (Ainsi) le nom de *pi* a une origine fort ancienne :
ce n'est pas *Mong T'ien* qui le premier a inventé cet
instrument. Dans l'antiquité, ce qu'on écrivait sur la
soie, comme les bannières portant les noms ou les
titres des défunts, ou comme les peintures, ne pouvait pas être gravé au couteau et devait nécessairement
être fait avec le *pi*. Il est probable que, dans l'antiquité, on se servait simplement d'un (morceau de)

bambou; c'est pourquoi le caractère *pi* 筆 est formé avec le bambou 竹; lorsqu'arriva *Mong T'ien*, il se servit de poils d'animaux » (n° XCV) 曲禮史載筆。爾雅不律謂之筆。筆之名由來已久。非蒙恬始造也。古帛書銘旌之類。及繪畫之事。非可刀刻。必有筆爲之。疑古但用竹。故筆字從竹。至蒙恬乃用獸毛耳。Ainsi les éditeurs du *Tcheou li* à l'époque *K'ien-long* admettent que, antérieurement à l'invention du pinceau fait de poils d'animaux, on se servait pour écrire sur la soie d'un instrument appelé *pi* 筆, qui était une sorte de style fait d'un morceau de bambou, comme l'indique l'étymologie même du caractère 筆; il est vrai que, aussitôt après, ces mêmes éditeurs, induits en erreur par le fameux commentaire de *Tcheng K'ang-tch'eng* où il est parlé des couteaux à écrire 書刀 (texte n° LXXII), soutiennent que, en même temps qu'on se servait du style en bambou pour tracer les caractères sur la soie, on employait le couteau pour les graver sur bois. Mais nous avons vu que le couteau n'avait jamais été affecté à cet usage; il semble donc que, puisque ces éditeurs admettent l'existence du style en bambou antérieur au pinceau pour écrire sur la soie, ils auraient dû aller plus loin et soutenir que le style en bambou était apte à écrire aussi bien sur les fiches en bambou ou les planchettes en bois que sur les pièces de soie. Cette dernière opinion me paraît être celle de *Touan Yu-ts'ai* (1735-1815) dans son commentaire au *Chouo wen* (chap. XIII, *b*, p. 38 v°, au mot 墨) : « Au-dessous du caractère 聿;

(le *Chouo wen*) dit : « C'est ce dont on se sert pour
« écrire; dans le pays de *Tch'ou* on appelle (cet in-
« strument *yu* 聿; dans le pays de *Wou*, on l'appelle
« *pou-lu* 不律; dans le pays de *Yen*, on l'appelle *fou*
« 弗; dans le pays de *Ts'in*, on l'appelle *pi* 筆. » Ici
(c'est-à-dire au mot 墨), (le *Chouo wen*) dit : « *Mo*
« 墨, c'est l'encre pour écrire. » C'est la preuve que
le *pi* 筆 et l'encre 墨 existaient dès l'antiquité et qu'ils
n'apparurent pas pour la première fois avec *Mong
T'ien*. Ce qu'on manifestait sur le bambou et sur la
soie, c'est ce qu'on appelait les écrits 書 [1]. Sur (les
fiches en) bambou et sur (les tablettes en) bois, (on
écrivait) avec du vernis; sur la soie, ce devait être
certainement avec de l'encre. D'ailleurs l'usage de la
soie (comme matière sur laquelle on écrivait) n'a
certainement pas commencé à l'époque des *Ts'in* et
des *Han;* (déjà) à l'époque des *Tcheou* on se servait
des écrits scellés; or les empreintes de sceaux devaient
être nécessairement apposées sur de la soie et n'auraient pu être apposées sur le bambou et sur le bois.
Ainsi il est évident que les anciens ne se servaient
pas uniquement du bambou et du bois (comme matière sur laquelle écrire) » (nº XCVI) 聿 下 曰。所以
書 也。楚 謂 之 聿。吳 謂 之 不 律。燕 謂 之 弗。秦
謂 之 筆。此 云。墨 書 墨 也。蓋 筆 墨 自 古 有 之。
不 始 於 蒙 恬 也。箸 於 竹 帛 謂 之 書。竹 木 以
桼。帛 必 以 墨。用 帛 亦 必 不 起 於 秦 漢 也。周
人 用 璽 書。印 章 必 施 於 帛 而 不 可 施 於 竹 木。

---

[1] Cette phrase est tirée de la préface de *Hiu Chen* au *Chouo wen*
(cf. édition de *Touan Yu-ts'ai*, chap. xv, *a*, p. 2 vº).

然 則 古 不 專 用 竹 木 信 矣。 Comme on le voit, *Touan Yu-ts'ai* se propose de démontrer que, dès l'époque des *Tcheou*, on écrivait sur soie et que par conséquent on possédait l'instrument appelé *pi* 筆 et l'encre; incidemment, il indique que, pour écrire sur bambou et sur bois, on se servait de vernis, au lieu d'encre; cela prouve que, aux yeux de *Touan Yu-ts'ai*, les anciens ne gravaient pas les caractères quand ils écrivaient sur les fiches et les tablettes; ils les traçaient au vernis. Nous en concluons que, d'après *Touan Yu-ts'ai*, les anciens trempaient leur style en bois appelé *pi* 筆 dans le vernis quand ils écrivaient sur bois, et dans l'encre quand ils écrivaient sur soie.

Mon opinion personnelle est que les écrits sur soie ne firent vraisemblablement leur apparition qu'à l'époque de *Ts'in Che-houang-ti* et que c'est en réalité l'invention du pinceau qui en rendit l'existence possible. Mais ce qui me paraît démontré, c'est que, antérieurement aux *Ts'in*, on se servait pour écrire sur les fiches en bambou ou sur les planchettes en bois d'une tige en bambou qu'on commença par tremper dans une sorte de vernis ou de laque de couleur foncée; plus tard, on substitua l'encre au vernis.

L'existence de livres écrits sur bois avec du vernis nous est attestée par ailleurs : dans la biographie de *Chou Si* 束 晳, le *Tsin chou* (chap. LI, p. 11 r°), décrit en détail les ouvrages écrits sur des fiches de bambou qui furent trouvés en 279 ou 281 après J.-C. dans une tombe de la sous-préfecture de *Ki* 汲 (préf. de

Wei-houei, prov. de *Ho-nan*); il ajoute qu'« ils étaient écrits au vernis et tous en caractères *k'o-teou* (c'est-à-dire antiques) » (n° XCVII) 漆 書 皆 科 斗 字。Ces ouvrages avaient été placés dans la tombe en 299 avant J.-C.; ils sont par conséquent antérieurs à l'invention du pinceau par *Mong T'ien*. Il est possible d'ailleurs que le témoignage du *Tsin chou* ne s'applique pas à tous ces livres sans exception, car *Siun Hiu* 荀 勗 (fin du IIIe siècle de notre ère), dans sa préface au *Mou t'ien tseu tchouan* 穆 天 子 傳, qui est un des livres découverts dans la tombe de *Ki*, nous apprend, comme nous l'avons vu plus haut (texte n° XIX), que cette relation était écrite à l'encre 以 墨 書。En réalité donc, il semble que la théorie de *Touan Yu-ts'ai* soit trop rigide en attribuant le vernis aux écrits sur bois et l'encre uniquement aux écrits sur soie; quand on écrivait sur bois, on dut d'abord se servir de vernis; plus tard, on employa l'encre, et les deux procédés restèrent alors concurremment en usage. Ce qui est du moins certain, c'est que ces fiches de bambou de la tombe de *Ki*, qui sont d'une authenticité peu contestable et qui sont antérieures à l'invention du pinceau, n'étaient pas gravées, mais qu'elles portaient des caractères écrits, les uns au vernis, les autres à l'encre, avec un instrument qui ne pouvait être qu'une sorte de plume ou de style en bambou. Je rappellerai encore que, vers l'an 30 ap. J.-C., *Tou Lin* 杜 林 († 47 après J.-C.) montra à quelques savants lettrés « un volume du *Chang chou* (*Chou king*) en caractères antiques, écrit au vernis[1], qu'il avait trouvé auparavant dans l'arrondissement de *Si* » (n° XCVIII) 林前於西州得漆書古文尚書一卷 (*Heou Han chou*, chap. LVII, p. 4 v°). Je ne me porte point garant de l'authenticité de ce texte antique du *Chou king*, mais, à supposer qu'il soit l'œuvre d'un faussaire, on dut tout au moins s'efforcer de lui donner l'apparence d'un livre ancien, et c'est pourquoi il se trouva être écrit au vernis.

La proposition que, antérieurement à l'invention du pinceau, les caractères chinois étaient, non gravés au couteau, mais écrits à l'encre ou au vernis avec un style en bois, est confirmée par la simple inspection du tracé des caractères anciens[2]. En effet, les

---

[1] Il ne faut pas traduire 漆書 par «lacquered tablets» comme le fait LEGGE (*Chinese Classics*, vol. III, prolégomènes, p. 28), ou par «livres laqués», comme je l'ai fait moi-même (*Se-ma Ts'ien*, trad. fr., t. I, Introduction, p. CXIX, n. 3).

[2] La plupart des caractères étudiés par le dictionnaire *Chouo wen* (100 après J.-C.) sont des caractères *siao tchouan* 小篆, qui sont ceux qu'on employa à l'époque de *Ts'in Che-houang-ti* après les travaux sur l'écriture auxquels s'étaient livrés *Li Sseu* 李斯, *Tchao Kao* 趙高 et *Hou Wou-king* 胡毋敬 (préface de *Hiu Chen*, édition du *Chouo wen* par *Touan Yu-ts'ai*, chap. XV, *a*, p. 10 r°-v°; ailleurs, p. 16 v°, *Hiu Chen* semble attribuer l'invention des caractères *siao-tchouan* à *Tch'eng Mao* 程邈, mais, comme l'a montré *Touan Yu-ts'ai*, il y a là une interversion dans l'ordre des phrases de la préface de *Hiu Chen*; *Tch'eng Mao* est en réalité l'inventeur de l'écriture *li* 隸書). Les caractères *siao tchouan* sont antérieurs à la diffusion de l'usage du pinceau, qui n'avait pas encore été inventé ou qui venait à peine de l'être. Plus anciens encore sont les caractères antiques 古文 et les caractères *tcheou* 籀 que *Hiu Chen* admit en assez grand nombre dans son ouvrage à côté des caractères *siao tchouan*. On peut donc considérer

traits qu'on aurait pu marquer sur du bois avec la pointe d'un couteau auraient dû être soit horizontaux, soit verticaux, c'est-à-dire suivre les fibres du bois ou les couper à angle droit; l'ancienne écriture devrait donc, si elle avait été gravée, offrir un aspect plus rectangulaire et plus rigide que l'écriture au pinceau; or il n'en est rien, et les caractères anciens se distinguent au contraire des caractères modernes par leurs contours plus arrondis. La seule explication plausible de la forme de ces caractères est celle même que nous avons indiquée : ils ont dû être tracés avec un petit bâton pointu qu'on trempait dans une substance colorante.

Si nous faisons abstraction des écrits sur soie et des écrits sur tablettes de bois, les premiers peu répandus à cause de leur cherté et relativement récents, les seconds réservés à certains actes du gouvernement, nous voyons que les anciens livres chinois étaient pour la plupart écrits avec un style en bambou sur des fiches étroites également en bambou, qui ne contenaient le plus souvent qu'une seule ligne d'écriture. Cette conclusion, à laquelle nous sommes arrivé par l'examen des textes, se trouve en parfait accord avec les faits que nous ont révélés les fouilles récentes de M. A. Stein dans le Turkestan

les caractères étudiés par le *Chouo wen* comme n'ayant pas été tracés avec le pinceau; or il suffit de jeter les yeux sur ces caractères arrondis pour voir qu'ils n'ont pu être gravés au couteau; il reste donc seulement qu'ils aient été écrits avec une tige de bois trempée dans l'encre.

oriental : au nord de Niya, ce célèbre explorateur a découvert toute une série de fiches en bois qui font partie des archives d'une administration chinoise; ces fiches sont longues de 21 à 22 centimètres et ne présentent qu'une seule ligne d'écriture[1]; dans le tas de débris où elles étaient enfouies gisait une plume en bois de tamarix surmontée d'un bouton en os[2]; c'est avec cet instrument qu'on a dû écrire sur ces fiches, où les caractères chinois prennent un aspect différent de celui auquel nous a habitués le pinceau moderne. Nous sommes donc ici en présence d'écrits identiques à ceux qu'a connus l'antiquité chinoise; la seule différence provient de ce que, dans la Chine propre, on se servait du bambou, tandis que, dans le Turkestan oriental, on dut nécessairement recourir à un bois d'une autre espèce. L'une des fiches de Niya porte la date de 269 après J.-C.[3]; nous apprenons ainsi que, malgré l'invention du papier en l'an 105 de notre ère, l'usage des fiches en bois se perpétua pendant plus d'un siècle et demi après cette date; il n'y a pas lieu d'en être surpris, puisque *Tcheng Hiuan*, mort en

---

[1] Cf. M. A. Stein, *Archæological exploration in Chinese Turkestan*, planche VI.

[2] Cf. *ibid.*, planche VII. L'usage des styles en bois subsista dans le Turkestan oriental au moins jusqu'au VIIe siècle de notre ère, car le *T'ang chou* (chap. ccxxi, *a*, p. 10 r°) nous dit que les gens de Khoten se servent de (tiges de) bois en guise de pinceaux 以 木 爲 筆; cf. mes *Documents sur les Tou-kiue occidentaux*, p. 125 et p. 311.

[3] Cf. M. A. Stein, *Sand-buried ruins of Khotan*, p. 405.

200 après J.-C., nous dit que de son temps les scribes se servaient encore du couteau à effacer (texte n° LXXII), ce qui prouve qu'ils continuaient à écrire sur les fiches en bois. Les fiches de Niya sont un des spécimens tardifs de ce que furent pendant plus de mille ans les livres chinois[1].

[1] Le texte le plus ancien où soient mentionnés les écrits sur fiches paraît se trouver dans le *Che king* (section *Siao ya*, décade 1, ode 8, strophe 4); «nous redoutons ces écrits sur fiches» 畏 此 簡 書, disent des soldats qui se plaignent des fatigues endurées dans une expédition militaire, mais qui n'osent enfreindre les ordres écrits de leurs chefs.